中国古代经典碑帖

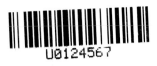

西狭颂

主编 黄文新

天津出版传媒集团
天津人民美术出版社

图书在版编目（CIP）数据

西狭颂 / 黄文新主编. -- 天津 : 天津人民美术出版社, 2023.12
（中国古代经典碑帖）
ISBN 978-7-5729-0330-4

Ⅰ. ①西… Ⅱ. ①黄… Ⅲ. ①隶书－碑帖－中国－东汉时代 Ⅳ. ①J292.22

中国版本图书馆CIP数据核字(2022)第216479号

中国古代经典碑帖《西狭颂》
ZHONGGUO GUDAI JINGDIAN BEITIE XIXIASONG

出 版 人：杨惠东
责任编辑：田殿卿
助理编辑：边 帅 李宇桐
技术编辑：何国起 姚德旺
封面题字：唐永平
出版发行：天津人民美术出版社
社 址：天津市和平区马场道150号
邮 编：300050
电 话：(022) 58352900
网 址：http://www.tjrm.cn
经 销：全国新华书店
制 版：天津市彩虹制版有限公司
印 刷：鑫艺佳利（天津）印刷有限公司
开 本：889mm×1194mm 1/16
印 张：2.5
印 数：1−5000
版 次：2023年12月第1版
印 次：2023年12月第1次印刷
定 价：20.00元

前言

中国书法艺术，历代名家层出不穷，风格各异，流派纷呈，或潇洒秀逸，或刚劲挺拔，或开拓奔放，或浑厚古朴。临帖，是我们所有学习书法人的共识，取古法之经典，悟先贤之神采。赵孟頫云：『学书在玩味古人法帖，悉知其用笔之意，乃可有益。』学习书法必须临帖，那么择帖就变得尤为重要。我们在择帖时，应尽量采用最接近真迹的优良版本，宋米芾《海岳名言》云：『石刻不可学，但自书使人刻之，已非己书也。故必须得真迹观之，乃得趣。』此话颇有道理。若能见到墨迹，便不必再用拓本。而时至今日，印刷技术的飞跃发展，让我们大开眼界，高清的数据采集，高规格的纸质印刷，很多的细节都做到了原汁原味，高清范本琳琅满目，做到了真正的『下真迹一等』。《中国古代经典碑帖》系列是一套精选的书法碑帖丛书，甄选了热度高、市场需求量大的品类，采用博物馆的高清扫描数据，最大限度地还原了碑帖的真实面貌，全书四色彩印，开本疏朗且价格平易，力求达到最好的艺术审美效果，希望为广大书法爱好者提供性价比高的学习资料。

《西狭颂》简介

《西狭颂》，又作《西峡颂》，全称《汉武都太守汉阳阿阳李翕西狭颂》，本名《惠安西表》，俗称《黄龙碑》。此为摩崖石刻，位于甘肃省成县县城西十三公里处的天井山下鱼窍峡中，今属抛沙镇丰泉村。原石刻于东汉建宁四年（一七一），整个摩崖刻石由篆额、刻画题记、颂文和题名四个部分组成。刻石面总高约三百厘米，宽约五百厘米，其中颂文二十行，行二十字。《西狭颂》是汉代摩崖中现存状况最好的一通石刻，位于峡谷中的悬崖之上，下临深潭，此潭俗称『黄龙潭』。刻石面处于一处凹陷的山崖中，从而使石面避免了阳光直射和雨水冲刷，并且因为地处偏僻，历代椎拓甚少，故至今保存完好。

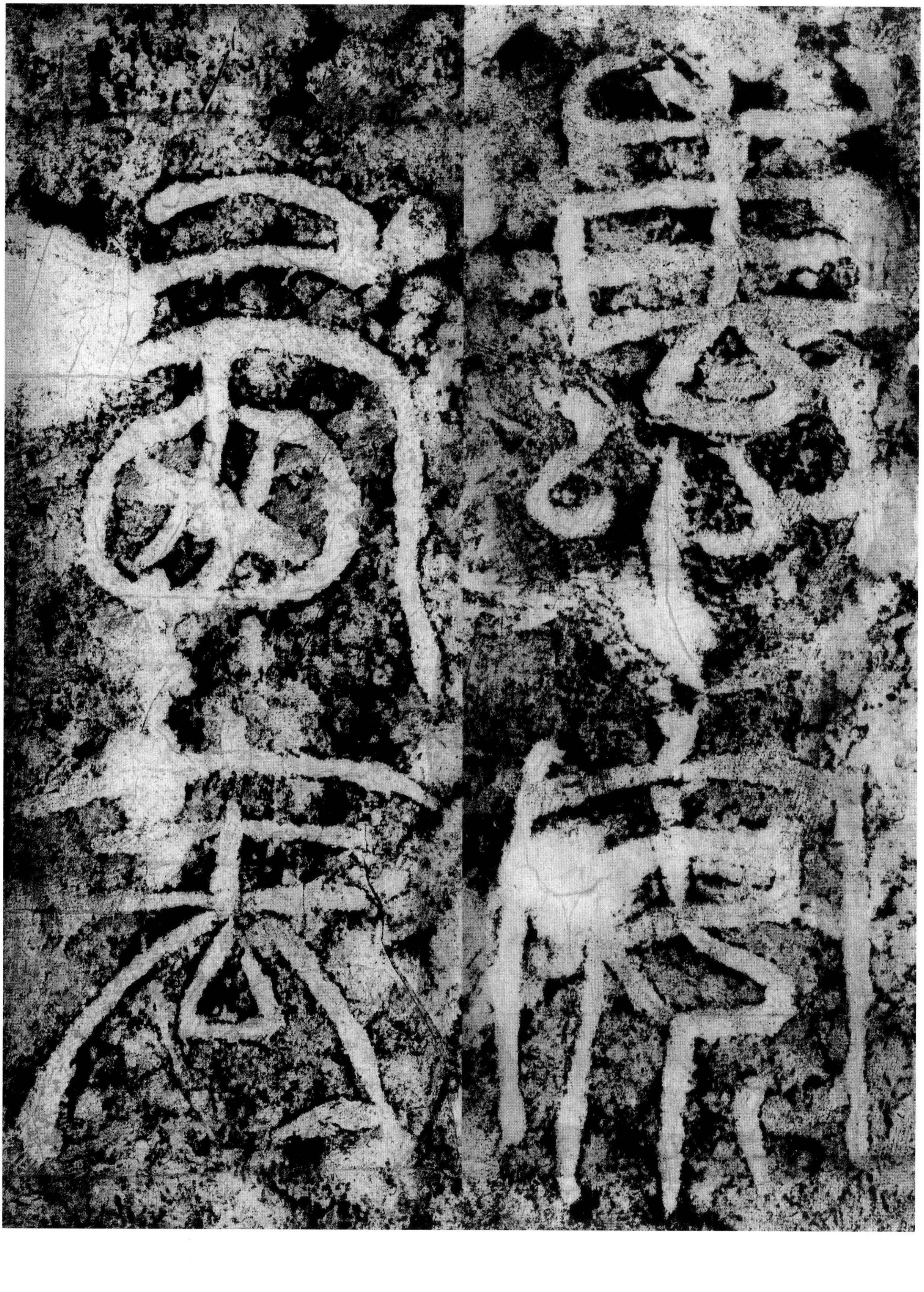

惠安西表

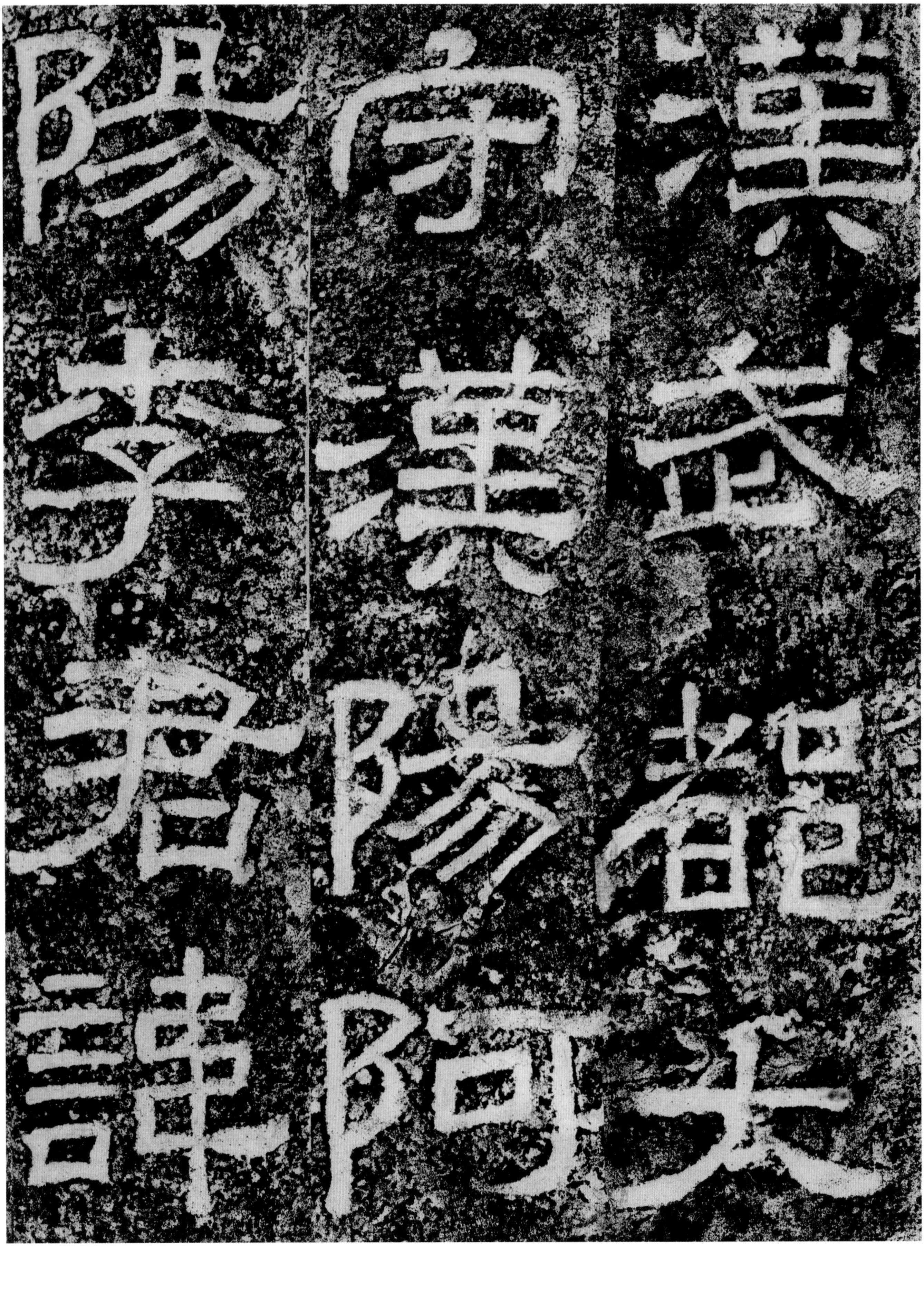

汉武都太守汉阳阿阳李君讳

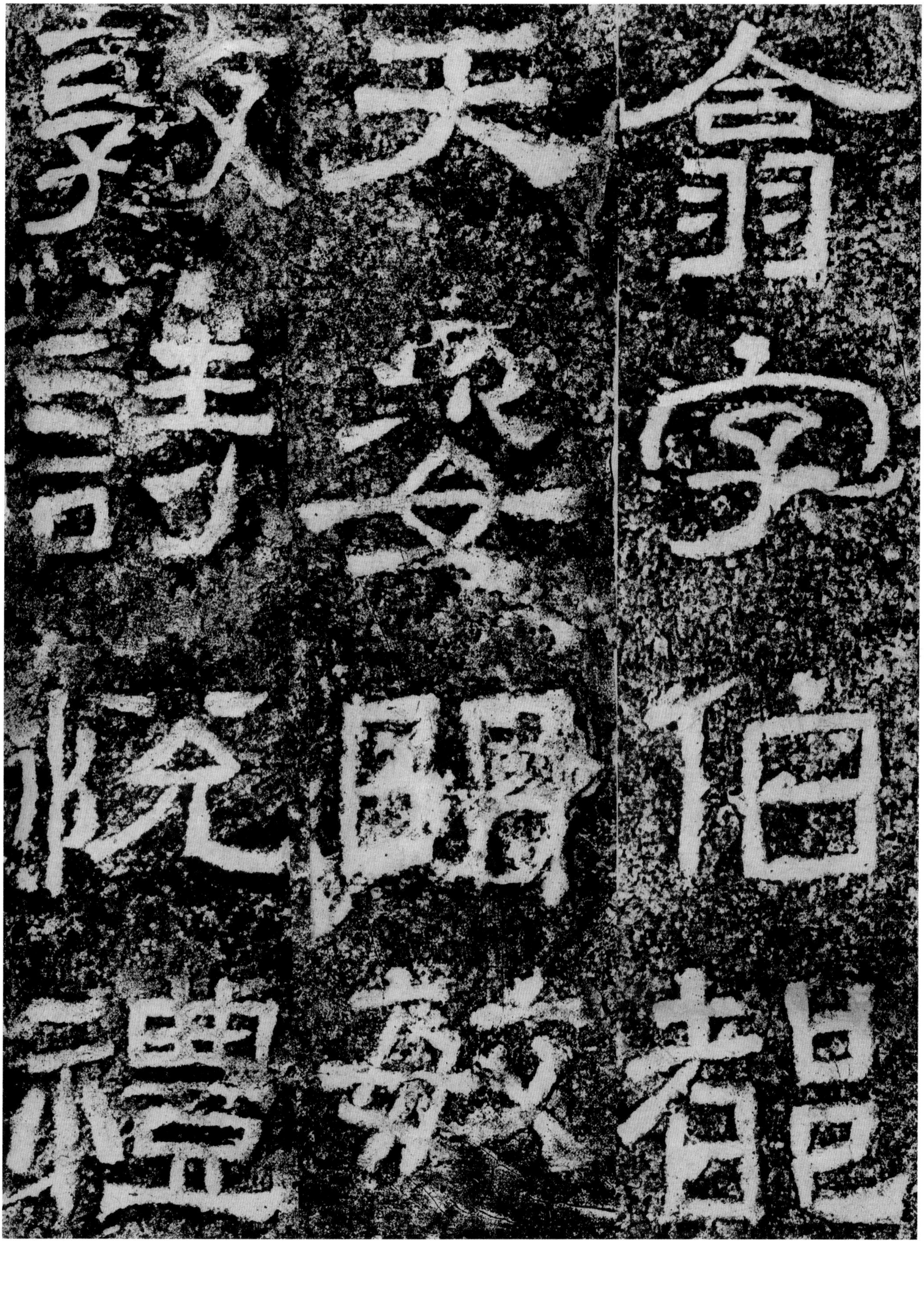

翁，字伯都。天姿明敏，敦《诗》悦《礼》，

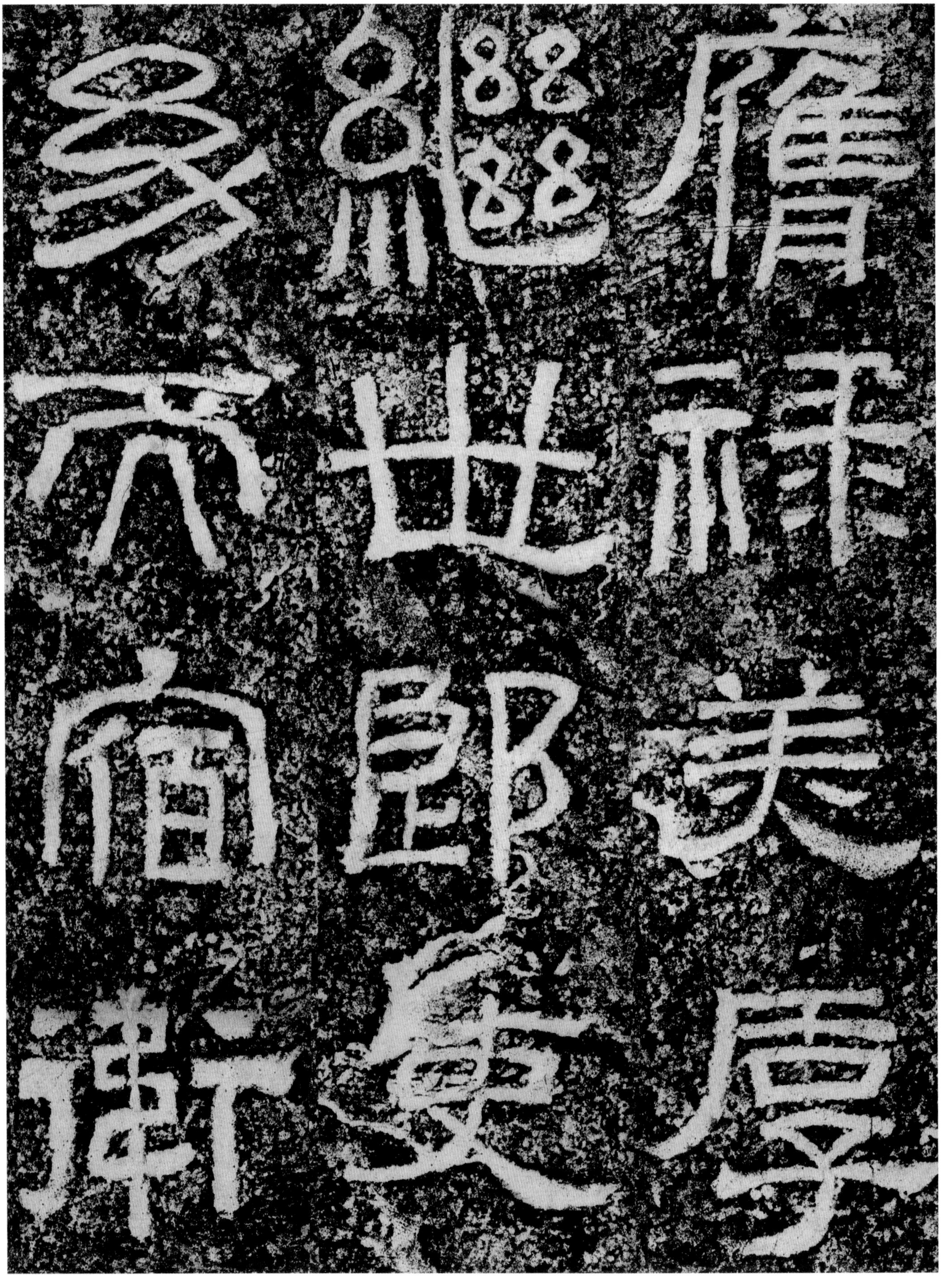

膺禄美厚。继世郎吏，幼而宿卫，

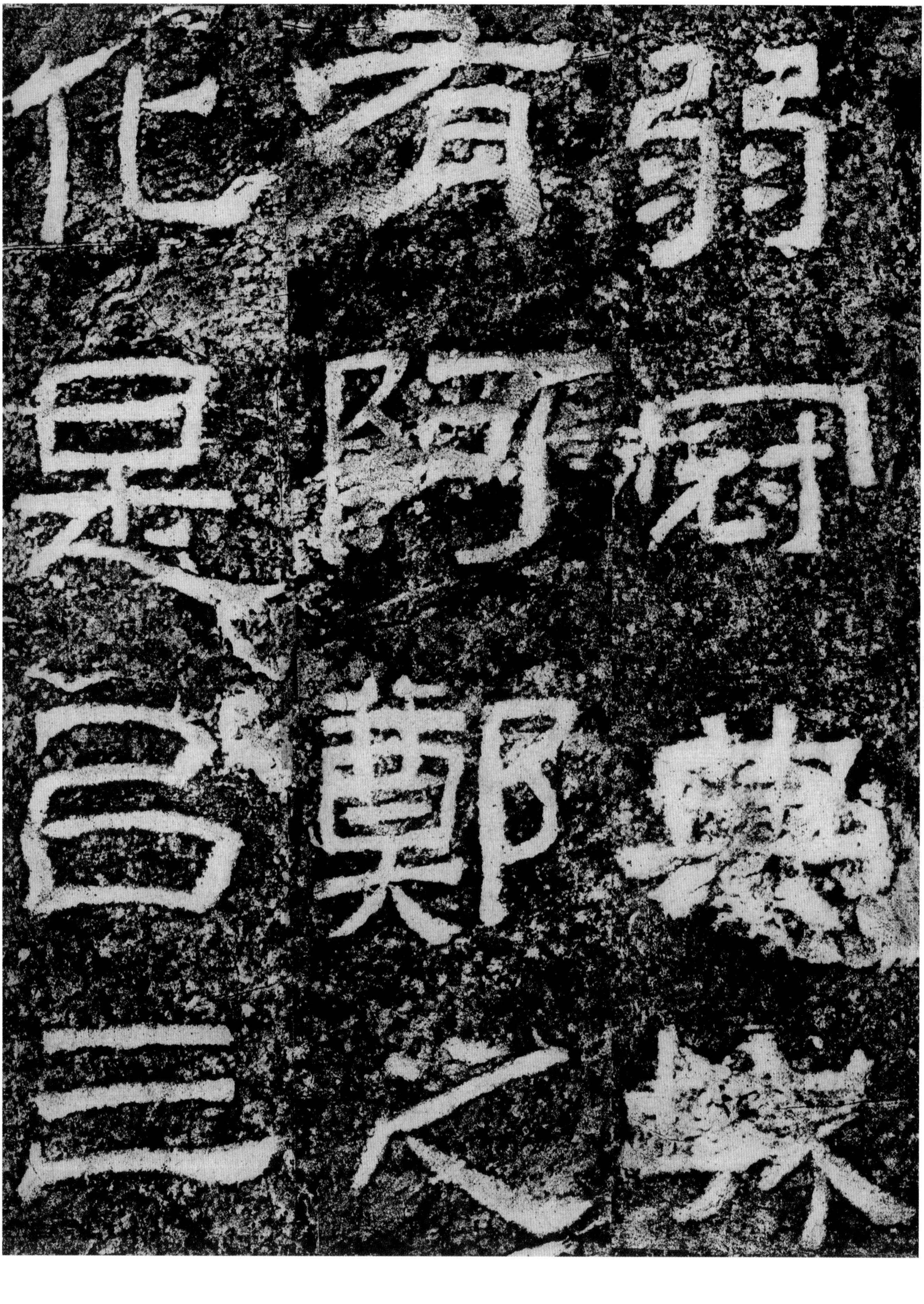

弱冠典城，有阿郑之化，是以三

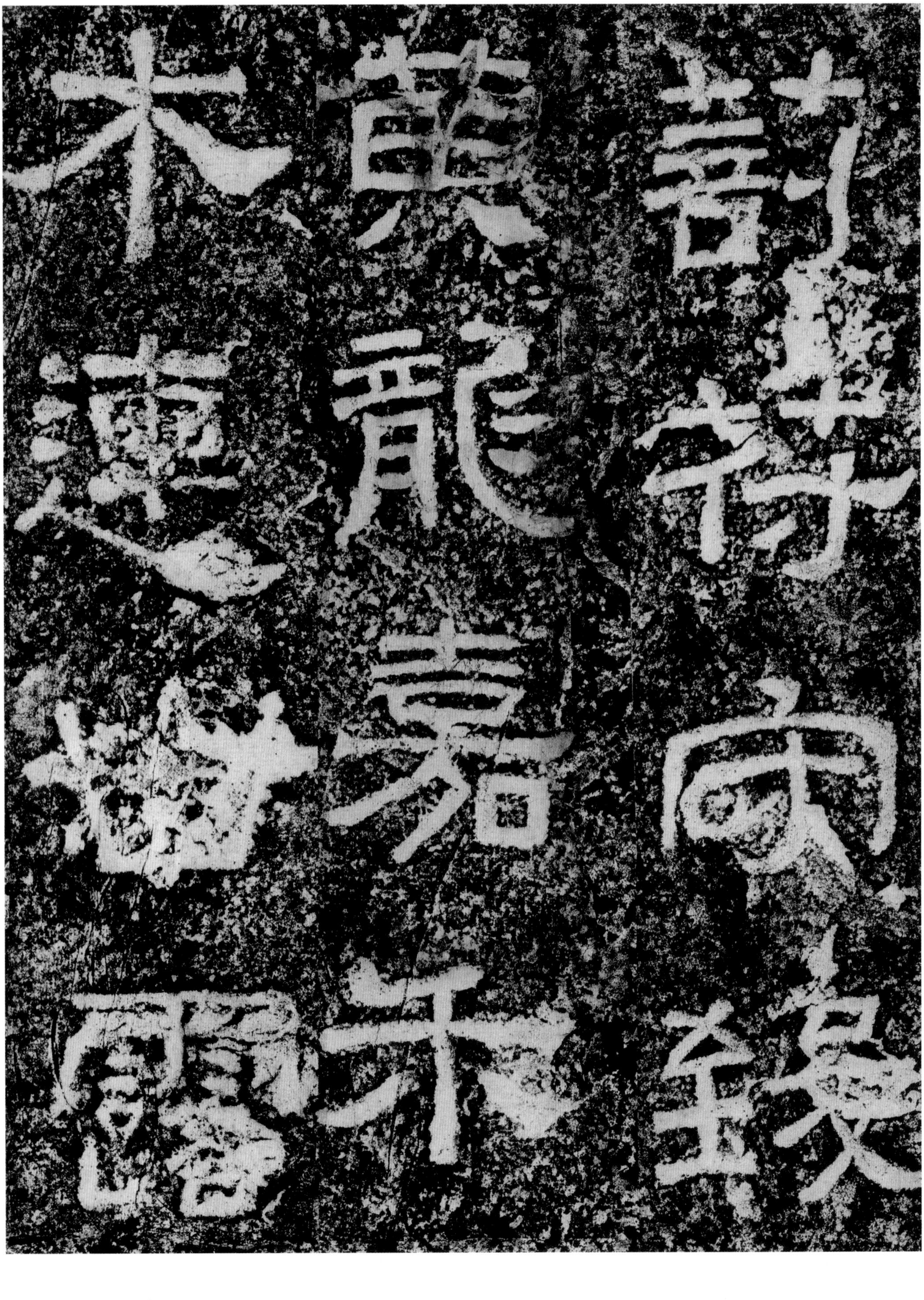

葪符守，致黄龙、嘉禾、木连、甘露

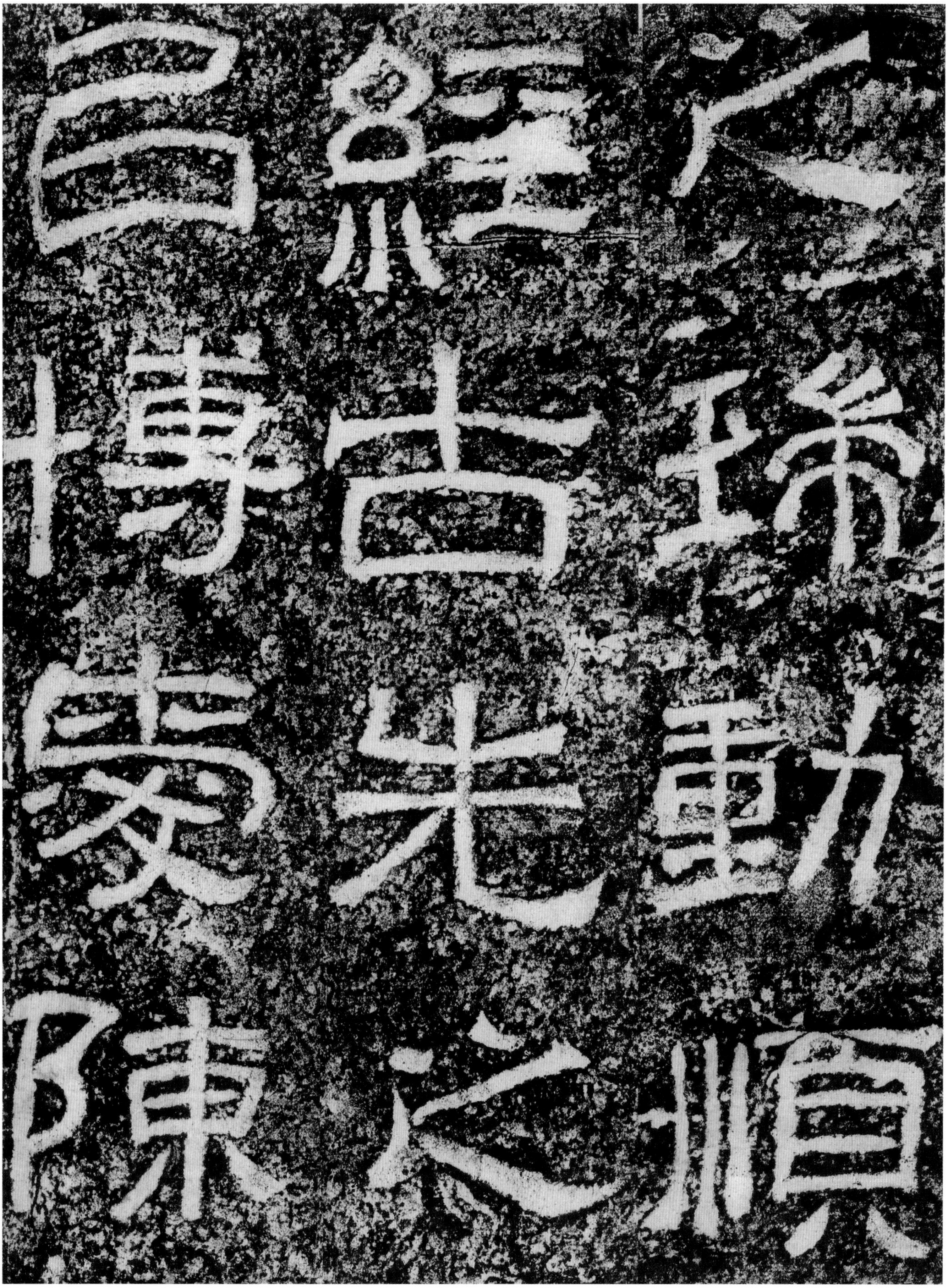

之瑞。动顺经古，先之以博爱，陈

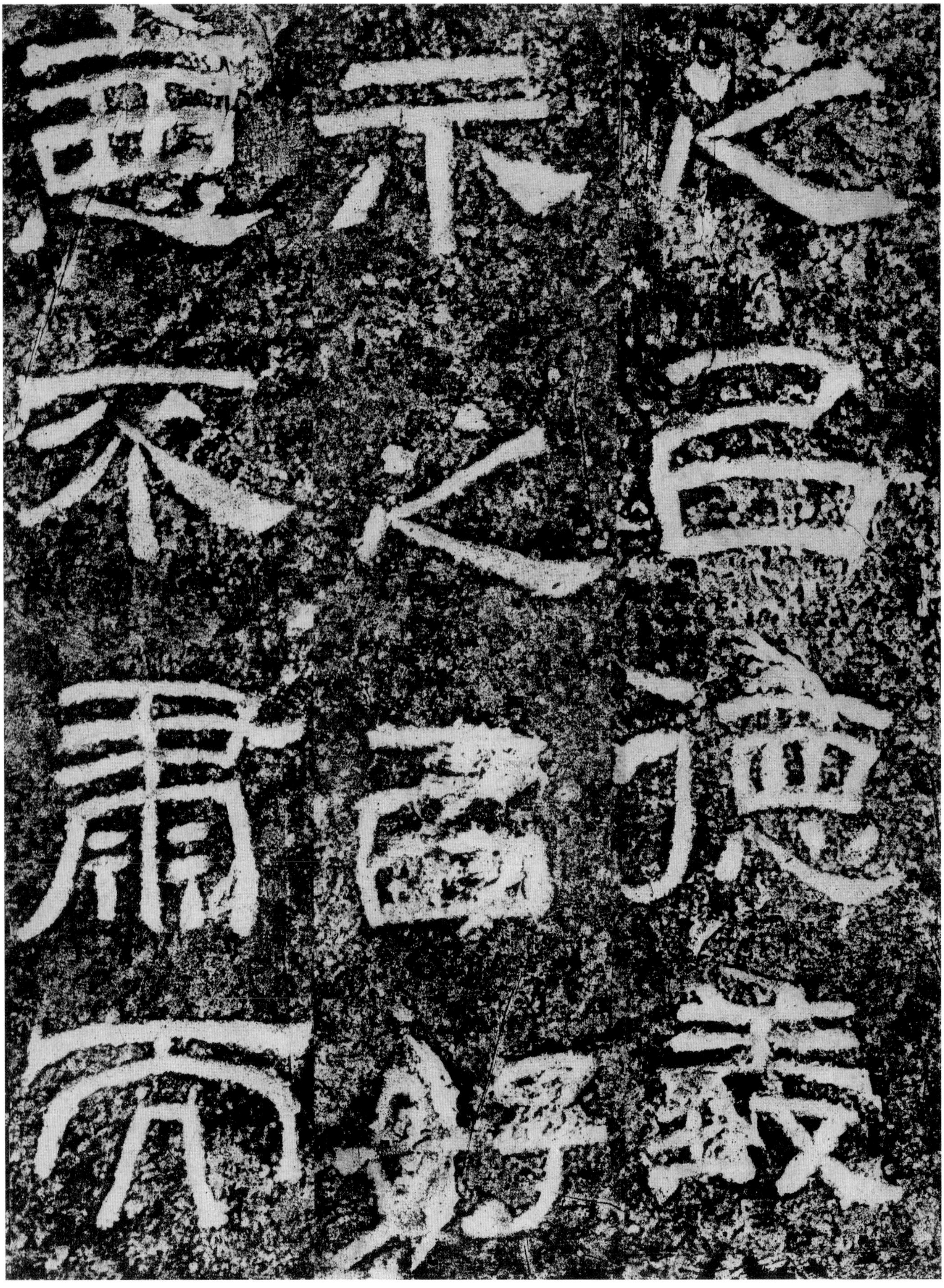

之以德义，示之以好恶。不肃而

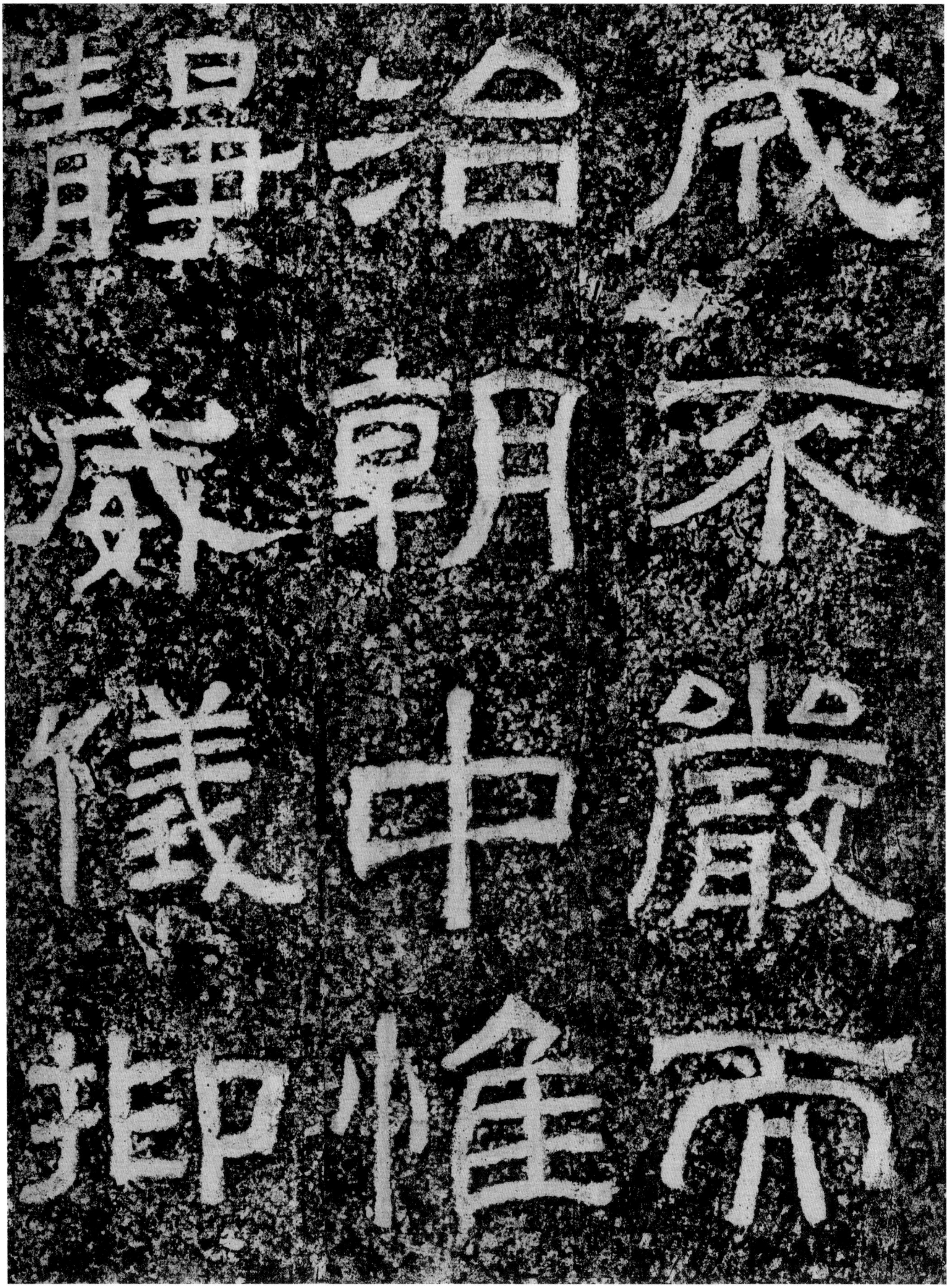

成，不严而治。朝中惟静，威仪抑

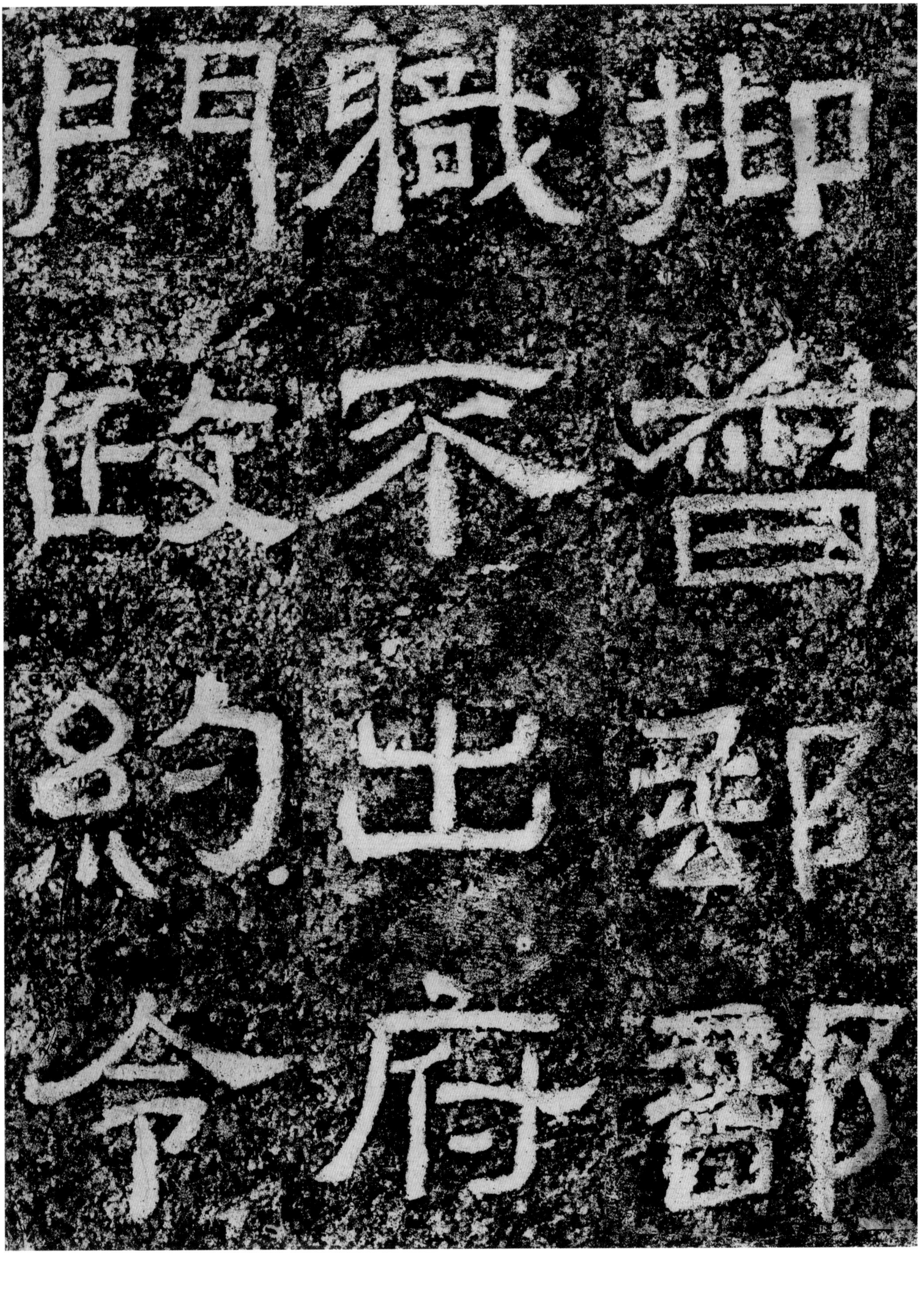

抑。督邮部职，不出府门，政约令

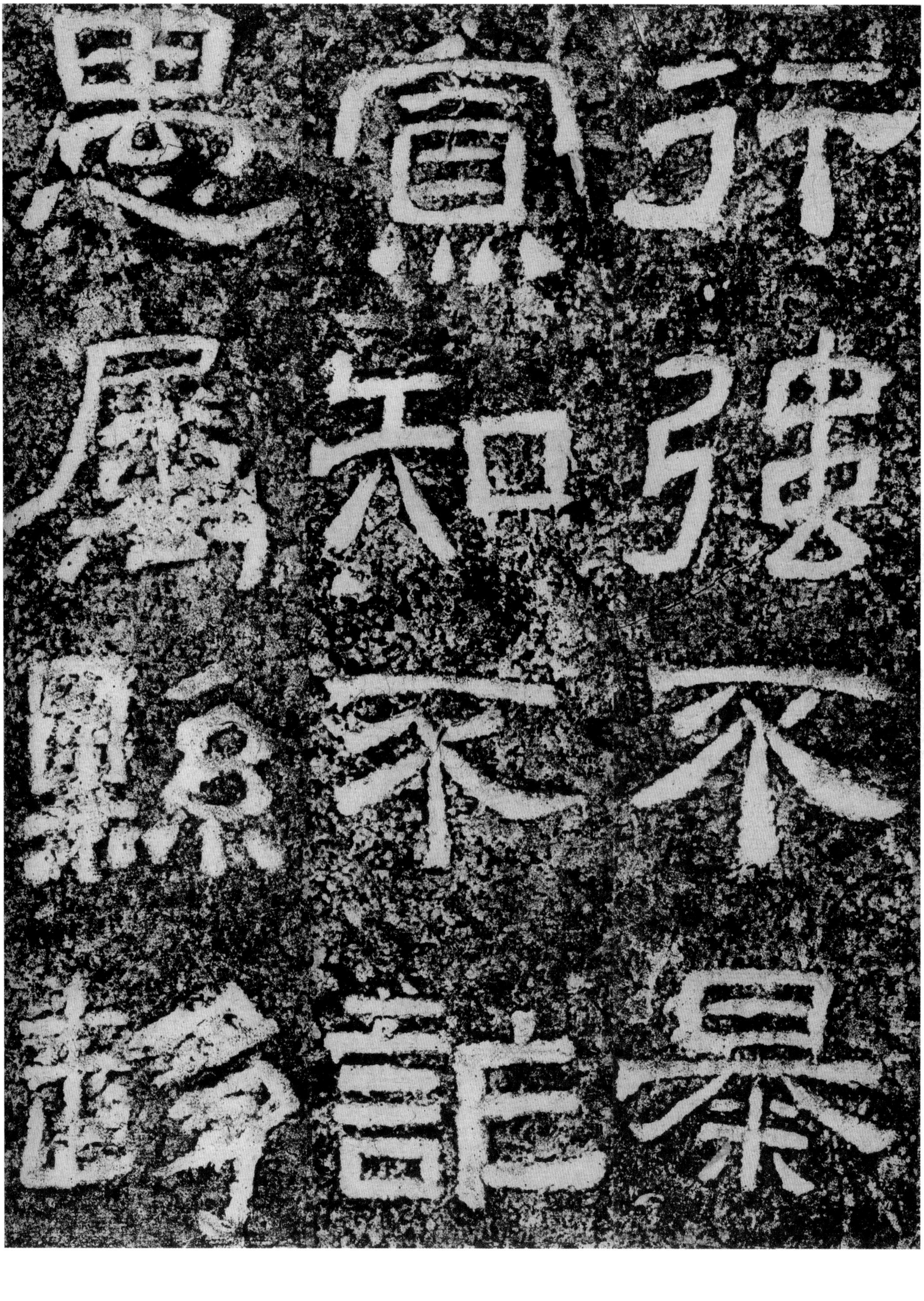

行，强不暴寡，知（智）不诈愚，属县趙

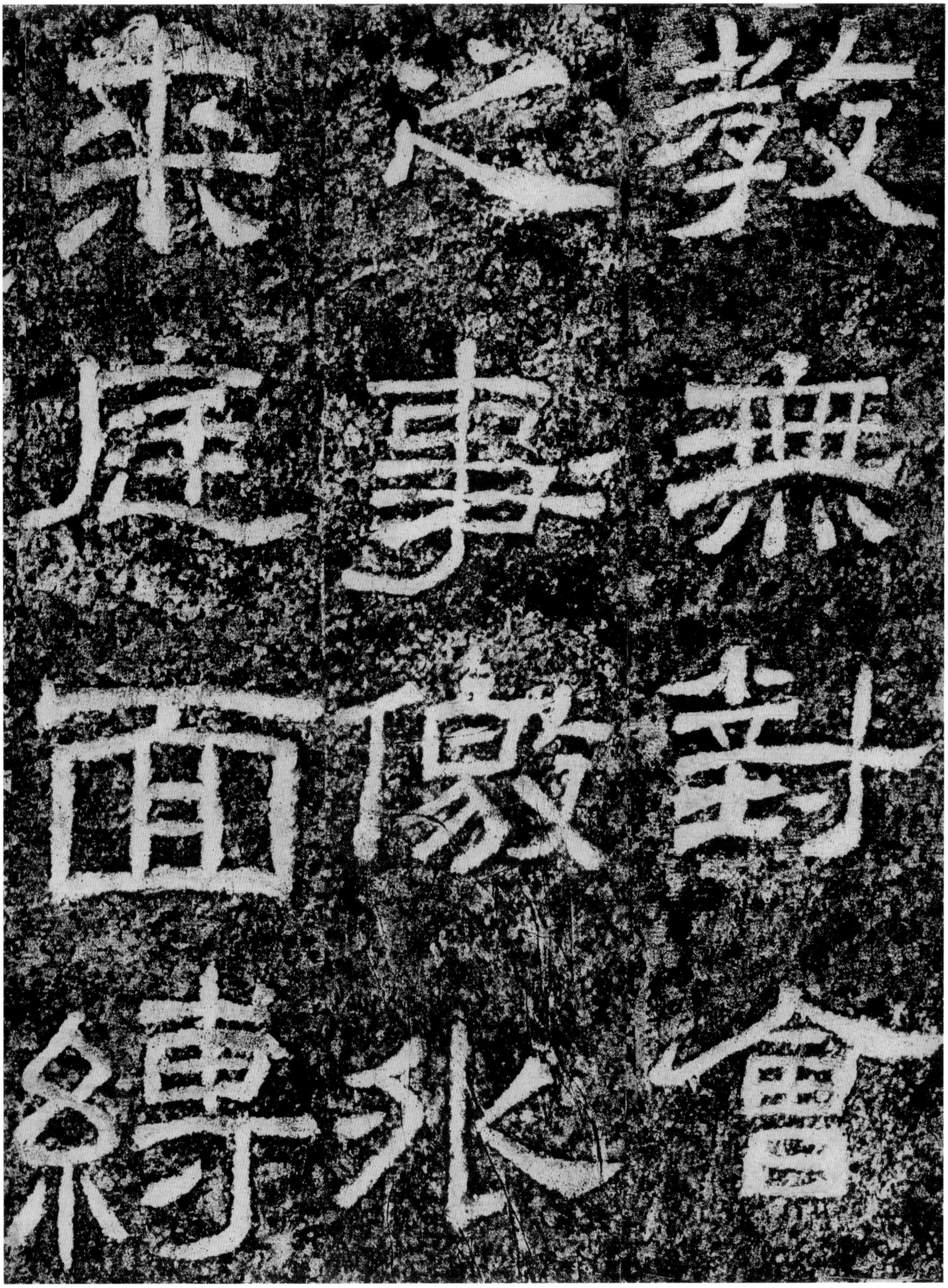

教，无对会之事，傲外来庭，面缚

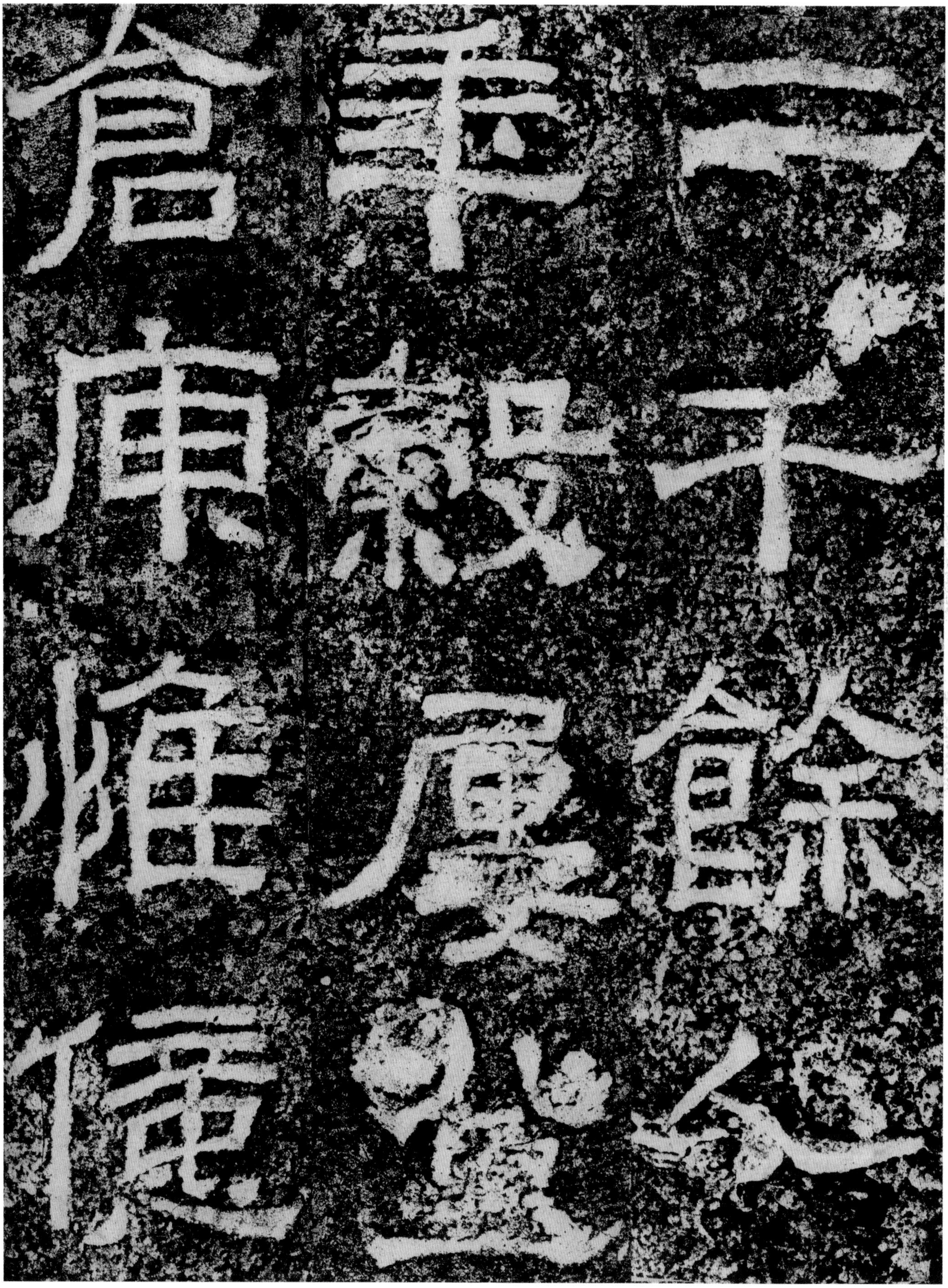

二千余人。年谷屡登，仓庚惟亿，

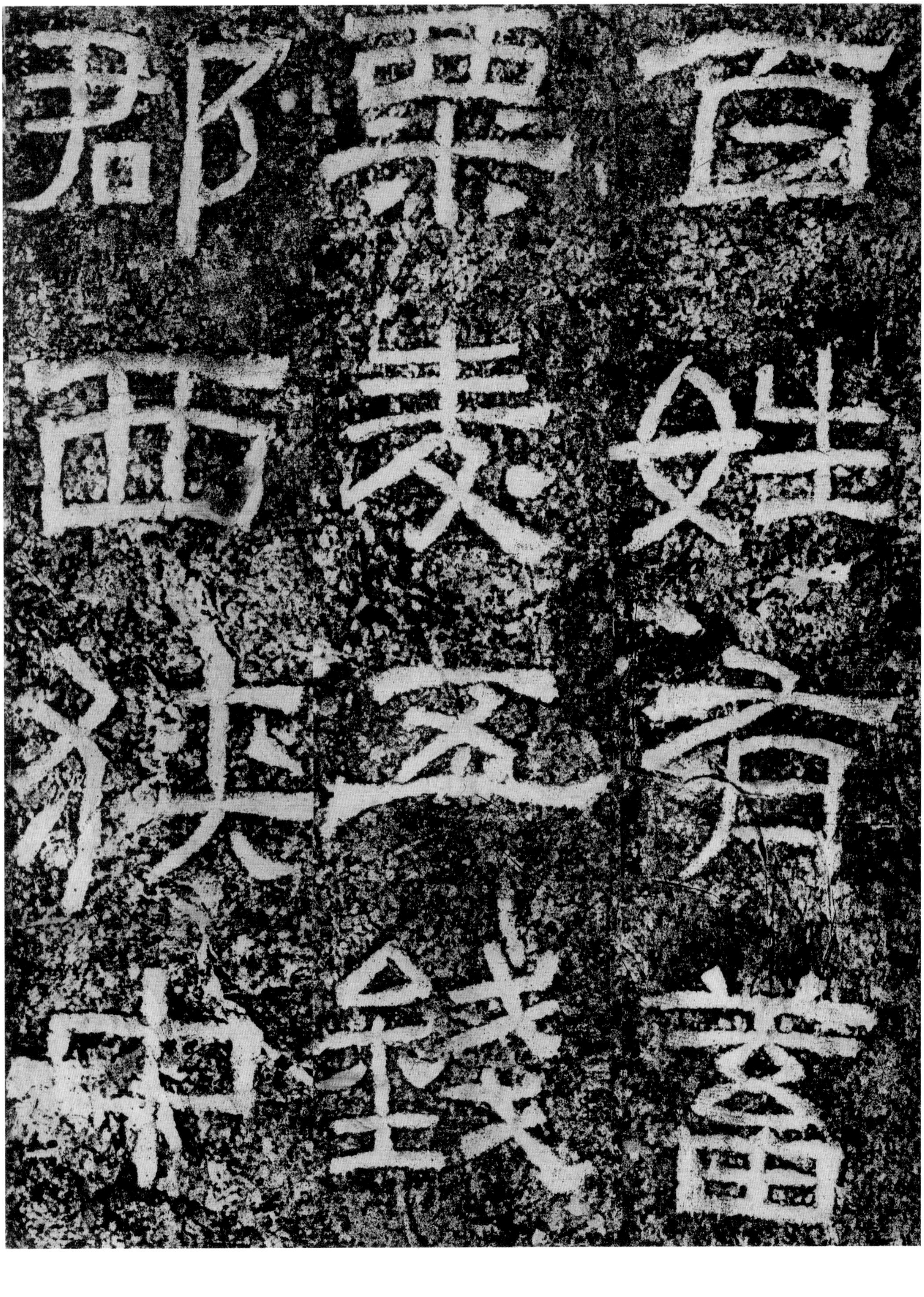

百姓有蓄，粟麦五钱。郡西狭（峡）中

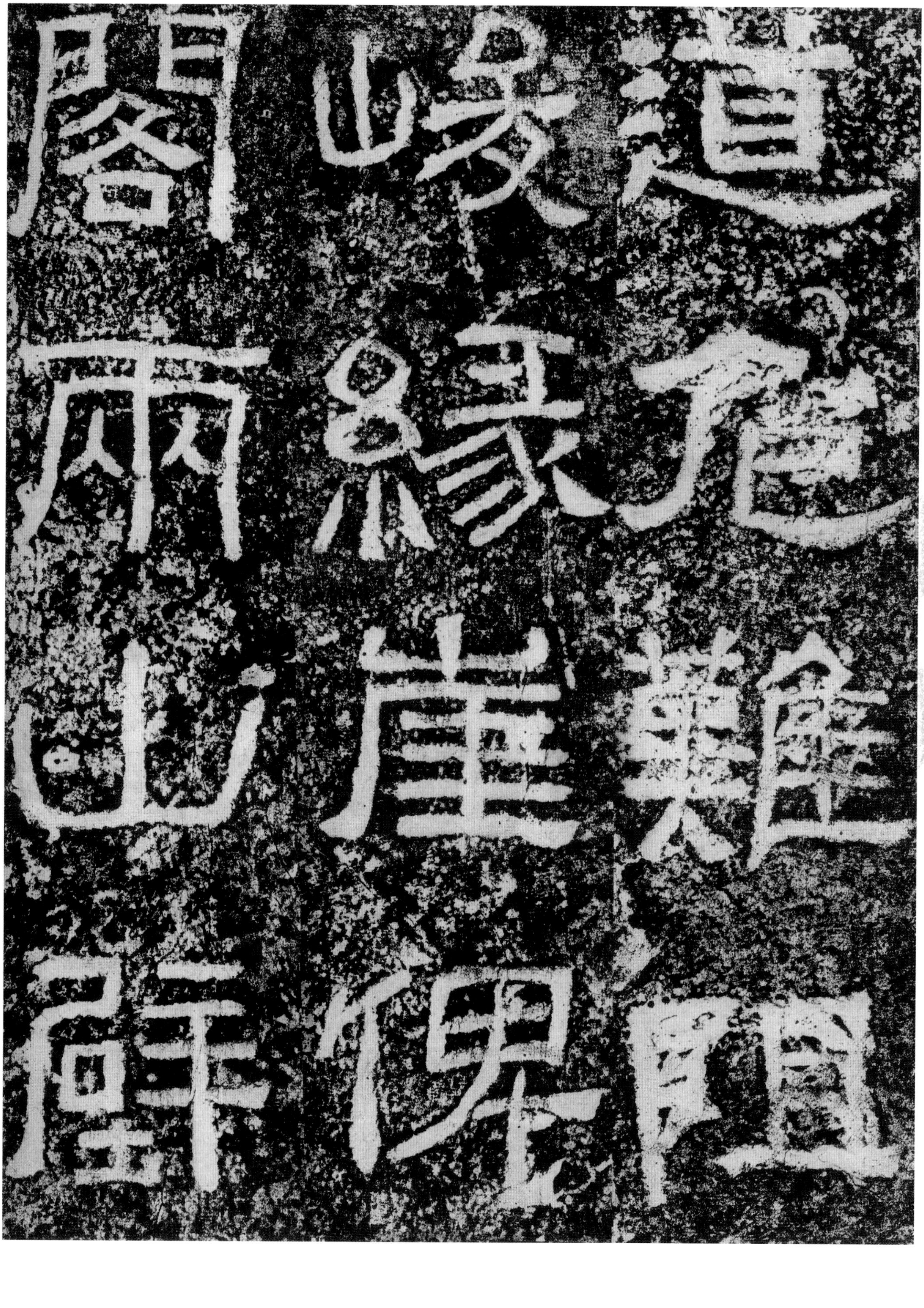

道，危难阻峻，缘崖俾阁，两山壁

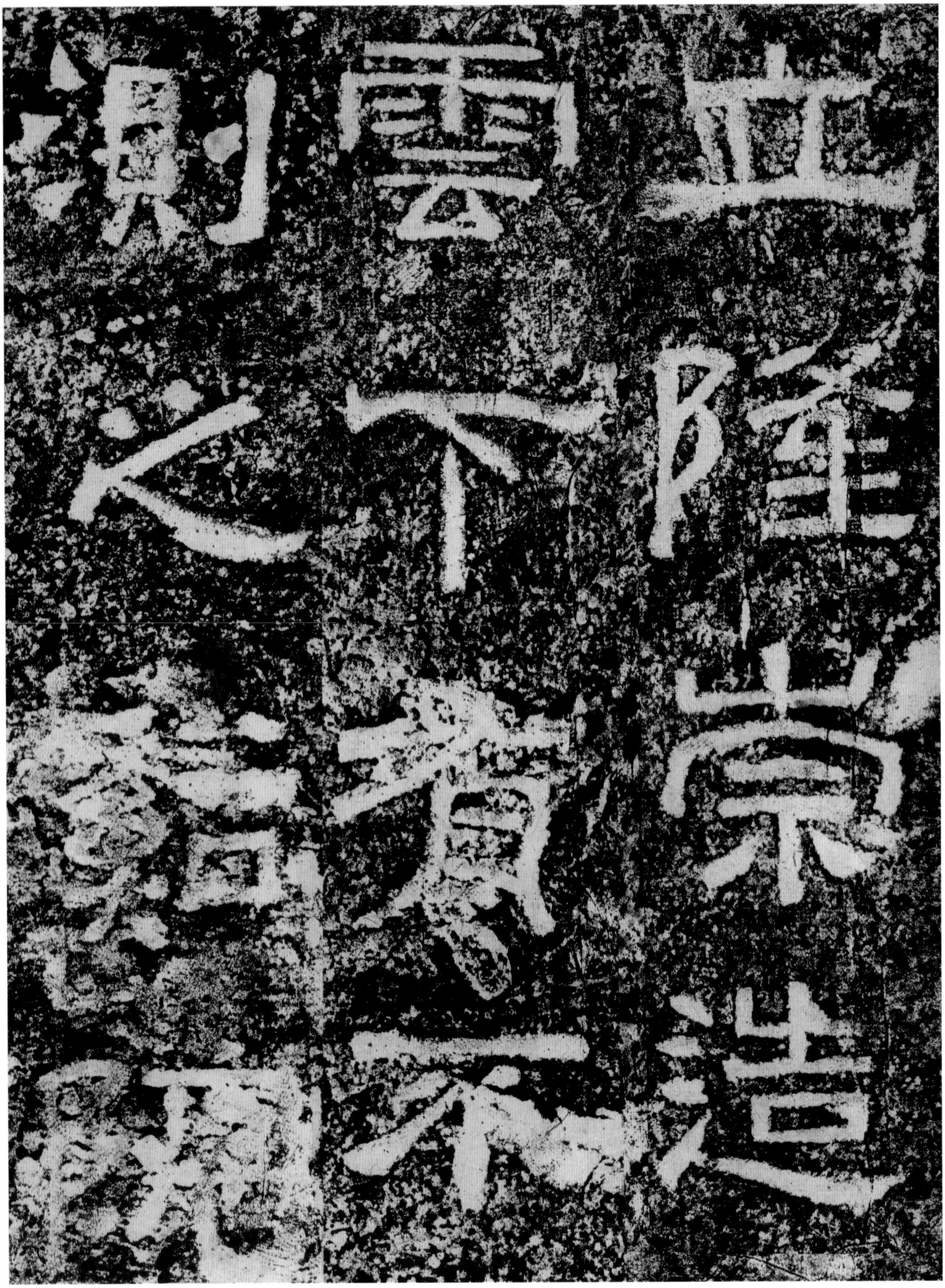

立，隆崇造云。下有不测之溪，厄

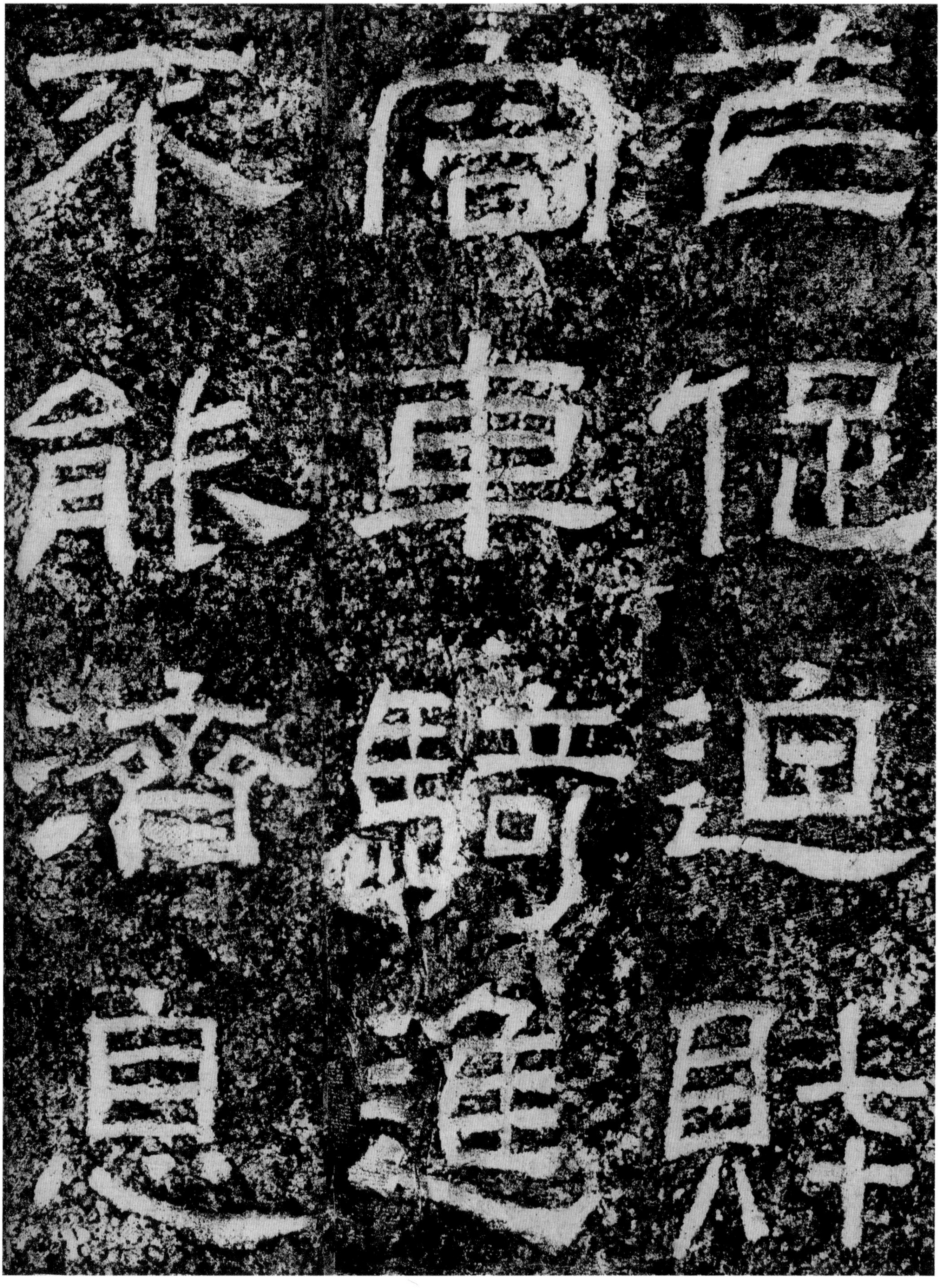

笮促迫，财容车骑。进不能济，息

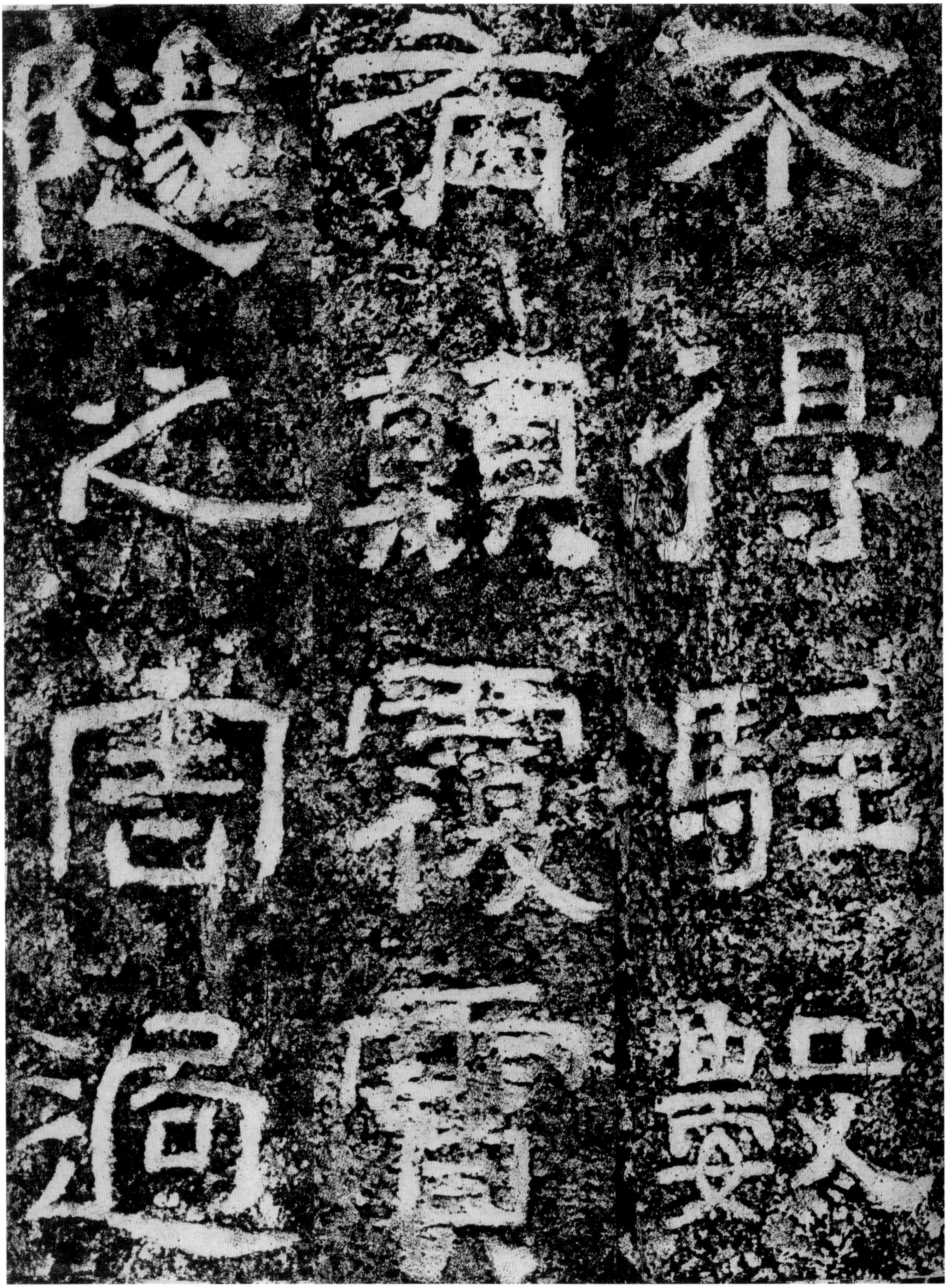

不得驻，数有颠覆霣隧之害。过

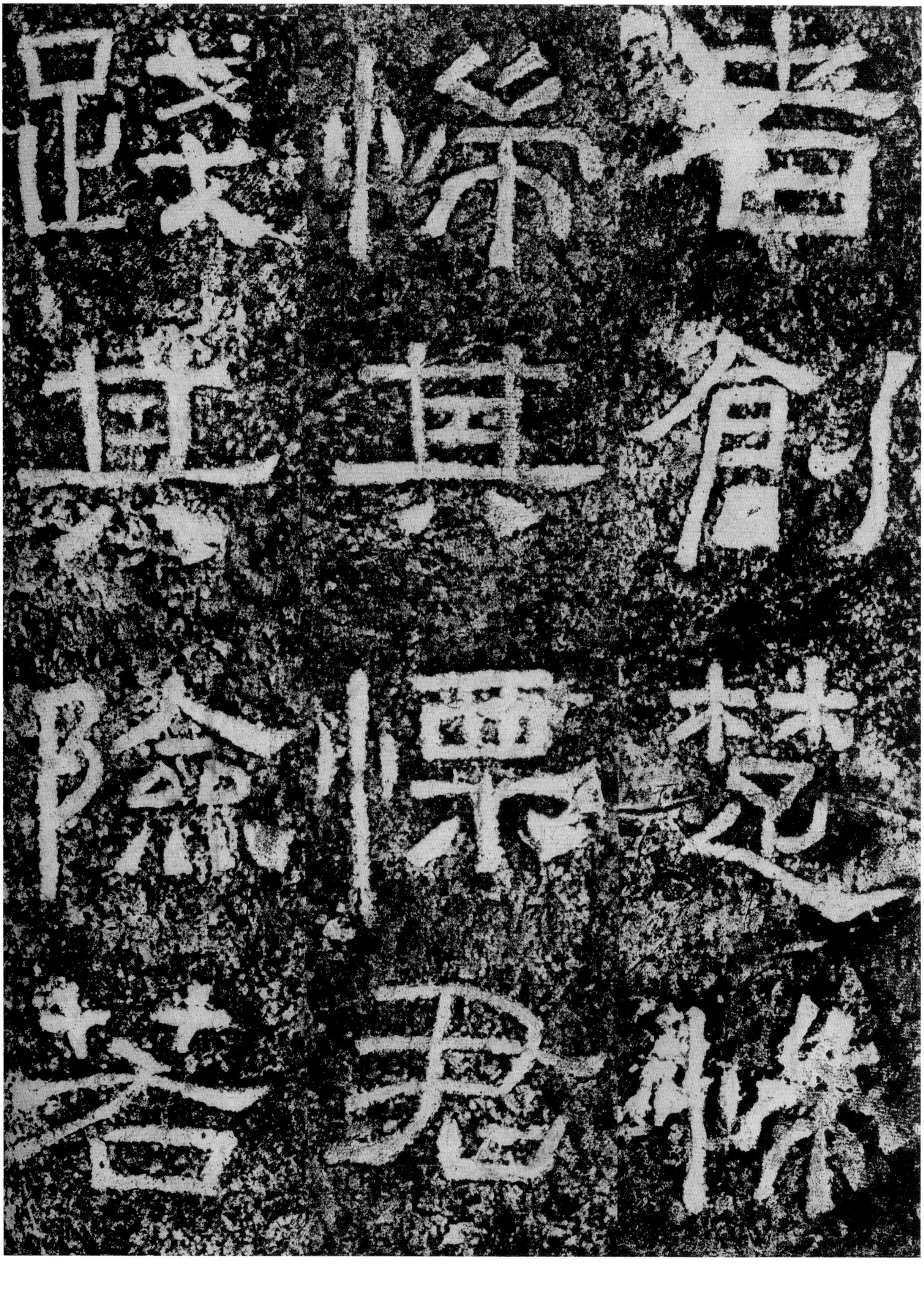

者创楚，惴惴其栗。君践其险，若

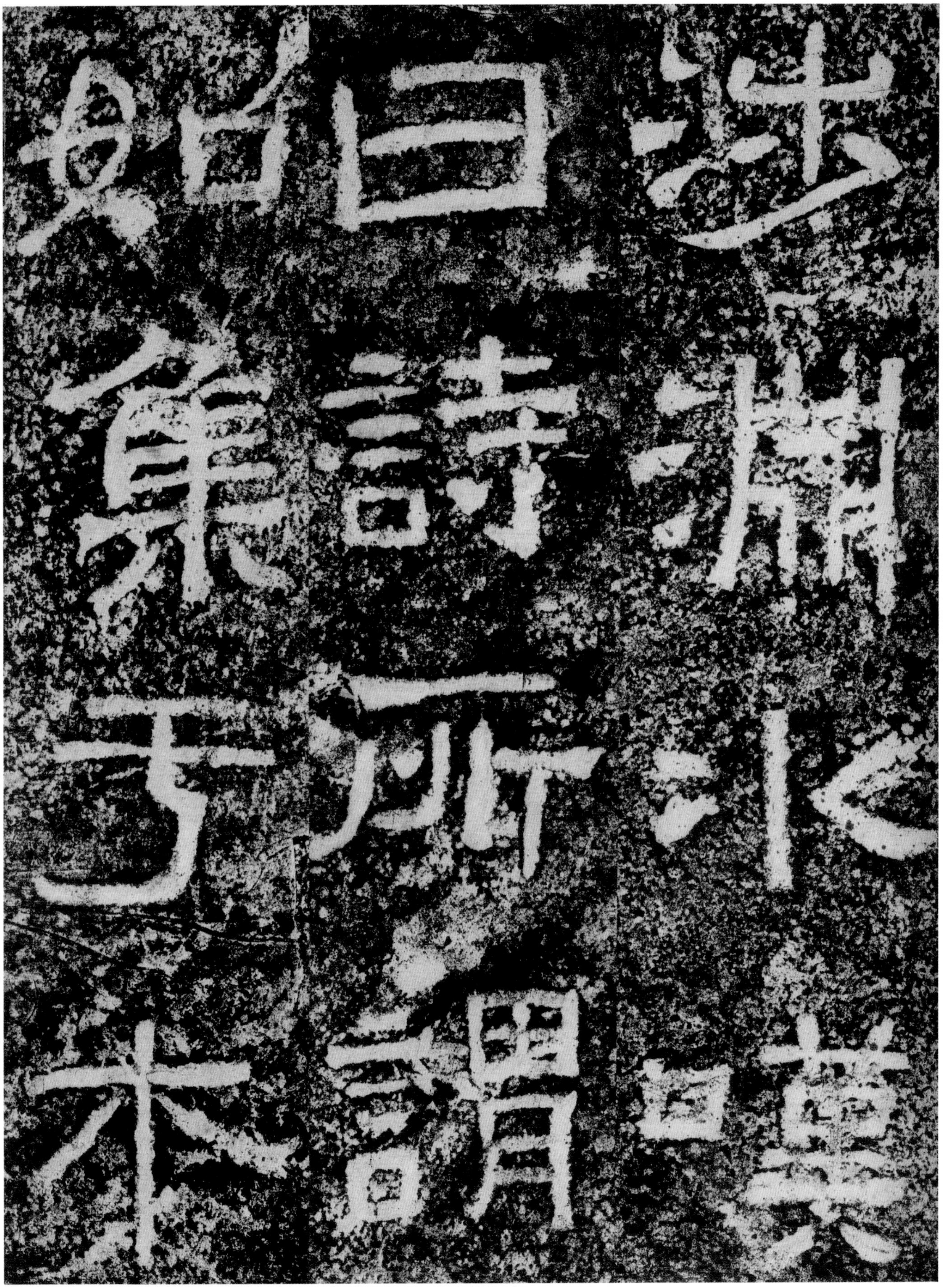

涉渊冰，叹曰：《诗》所谓：如集于木、

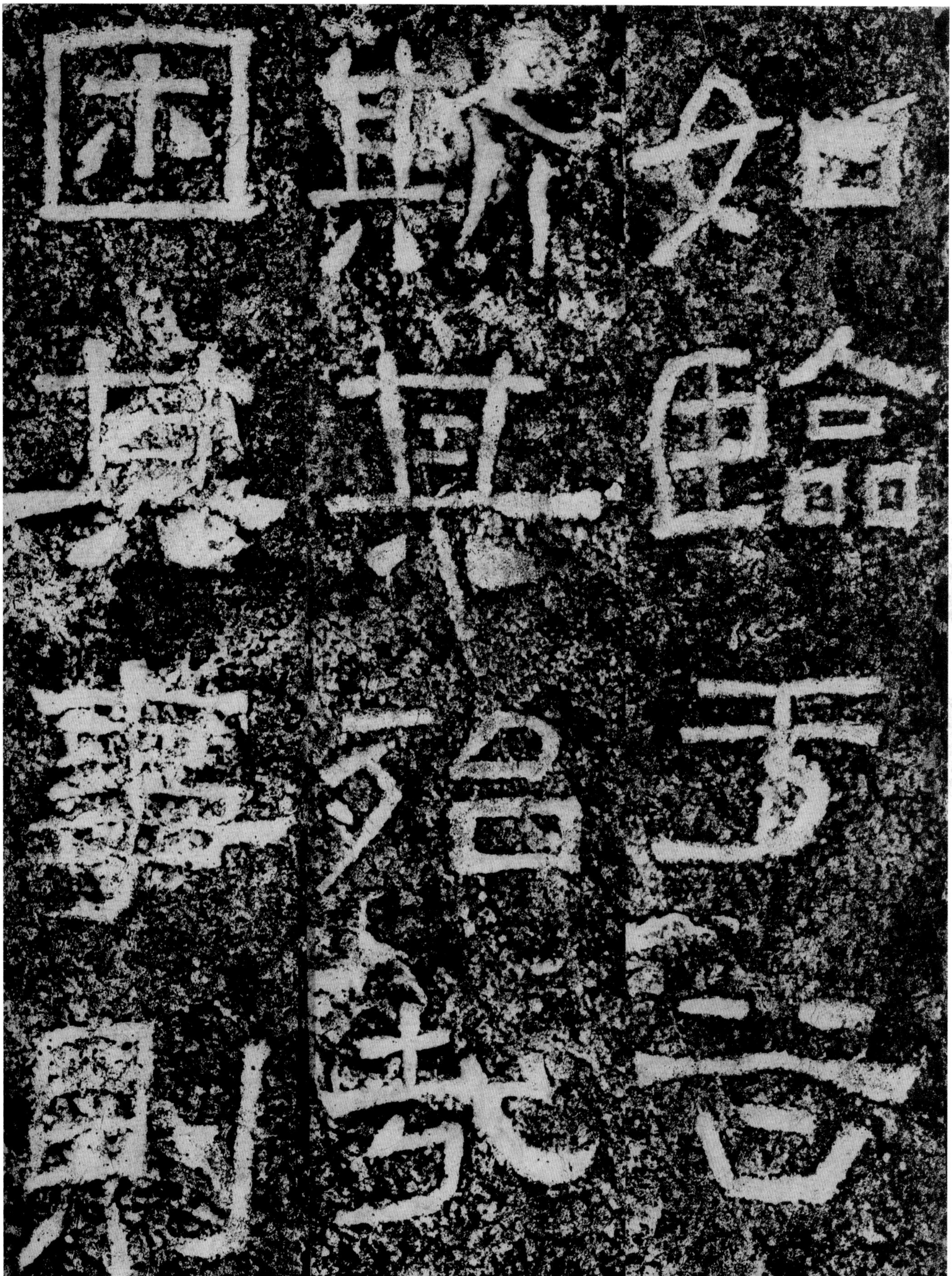

如临于谷，斯其殆哉！困其事则

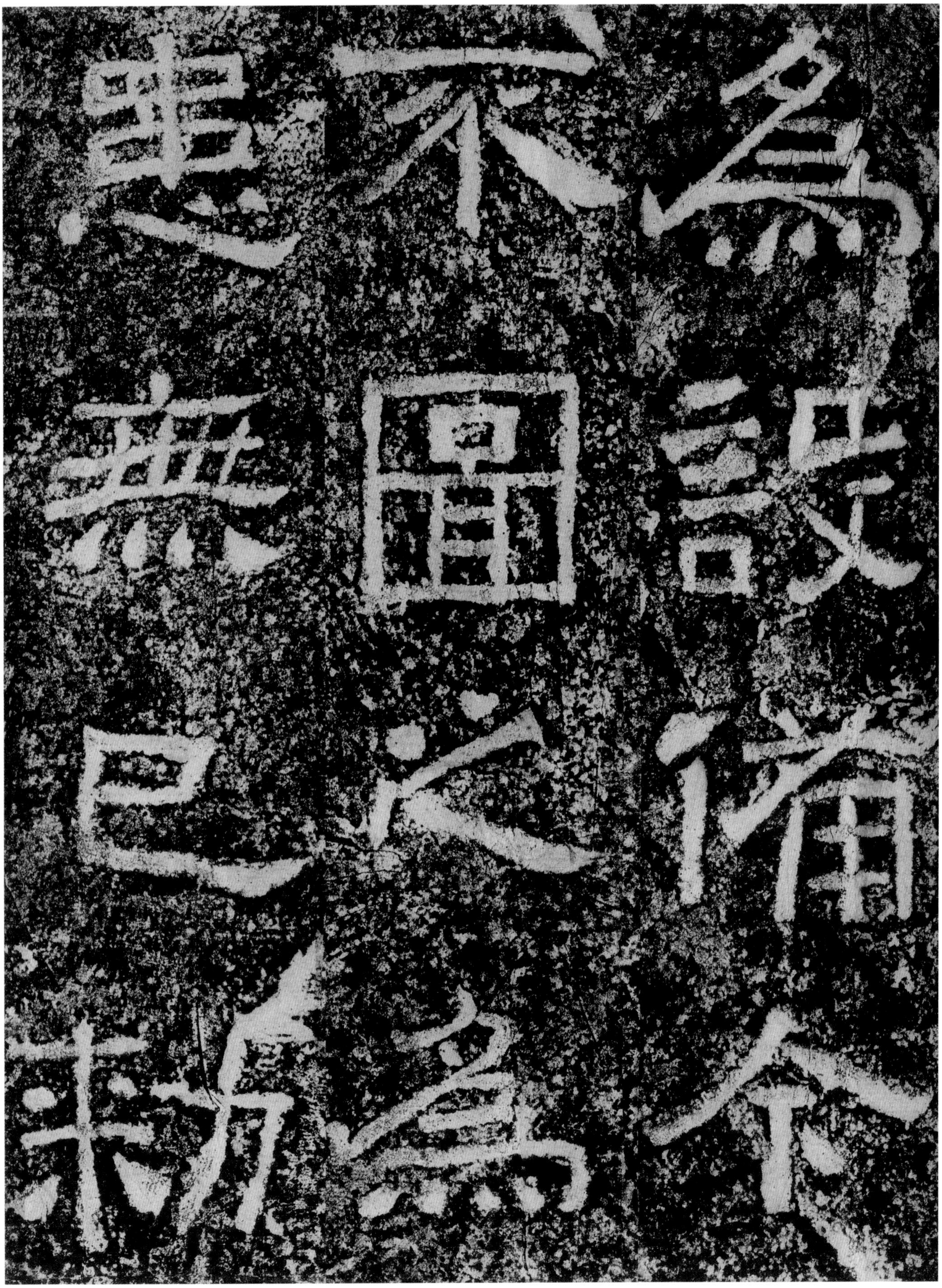

为设备，今不图之，为患无已。敕

衡官有秩李瑾、掾仇审，因常繇

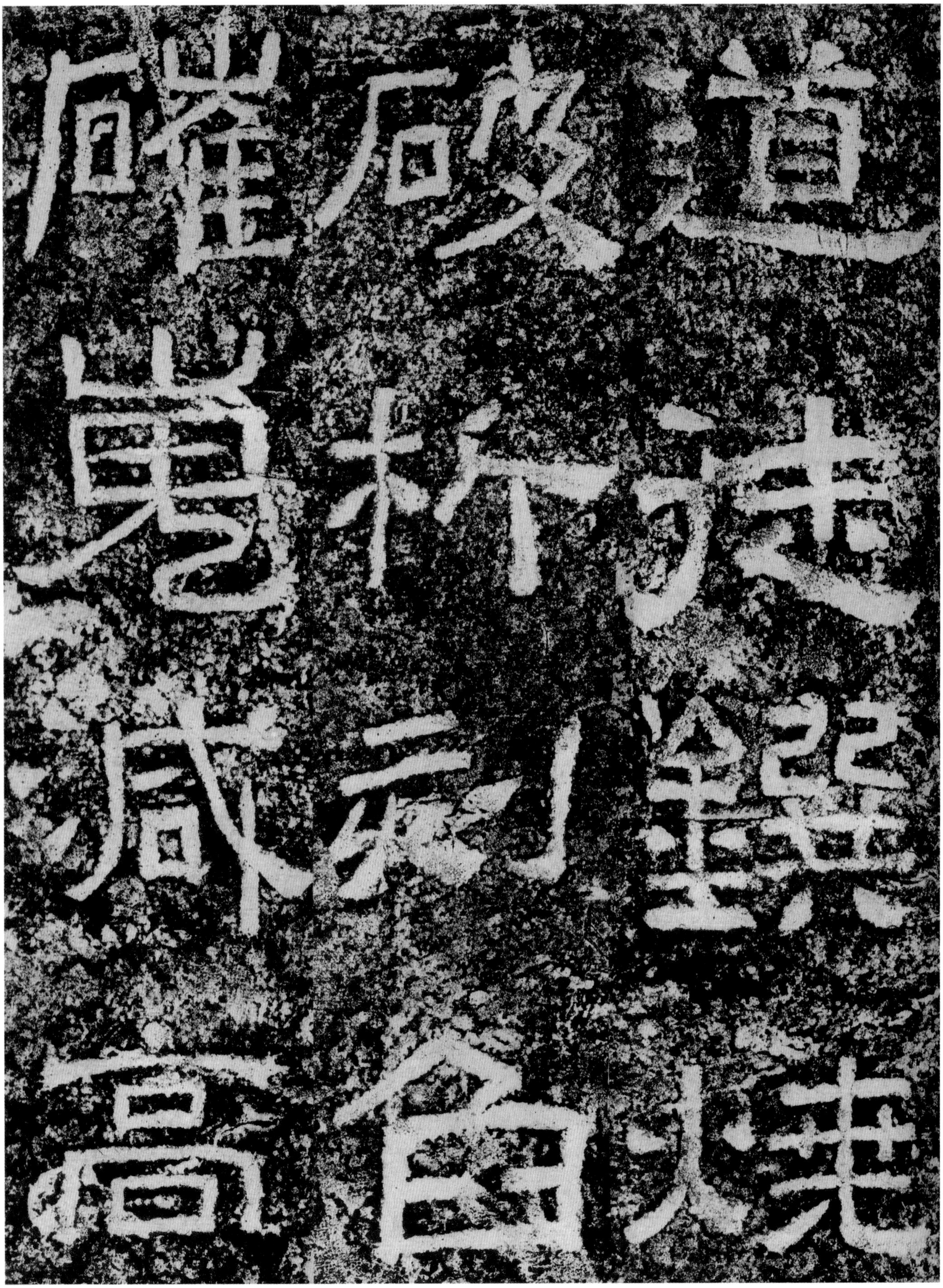

道徒，鐉烧破析，刻臼（陷）確嵬，减高

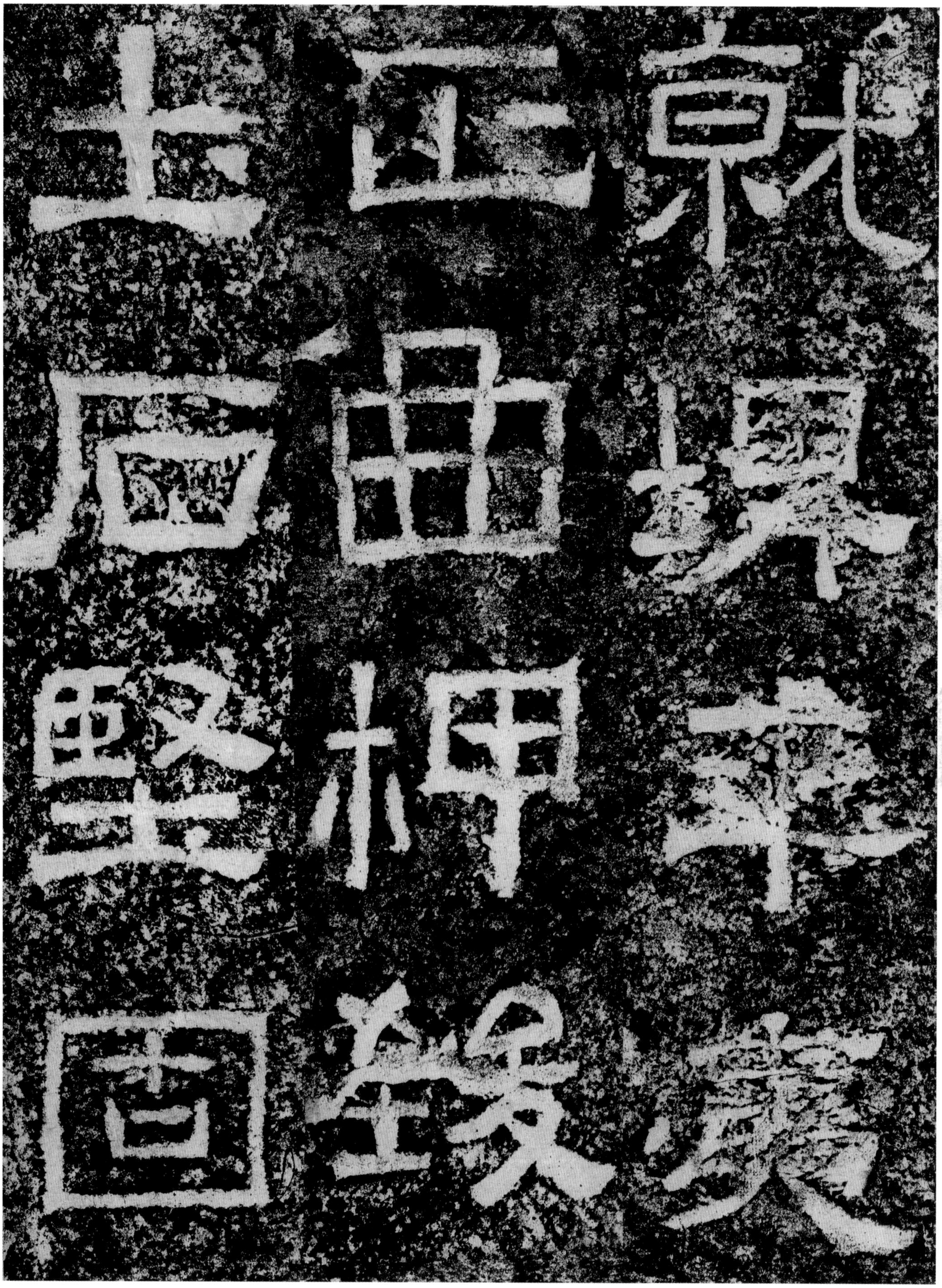

就埤。平夷正曲，柙致土石，坚固

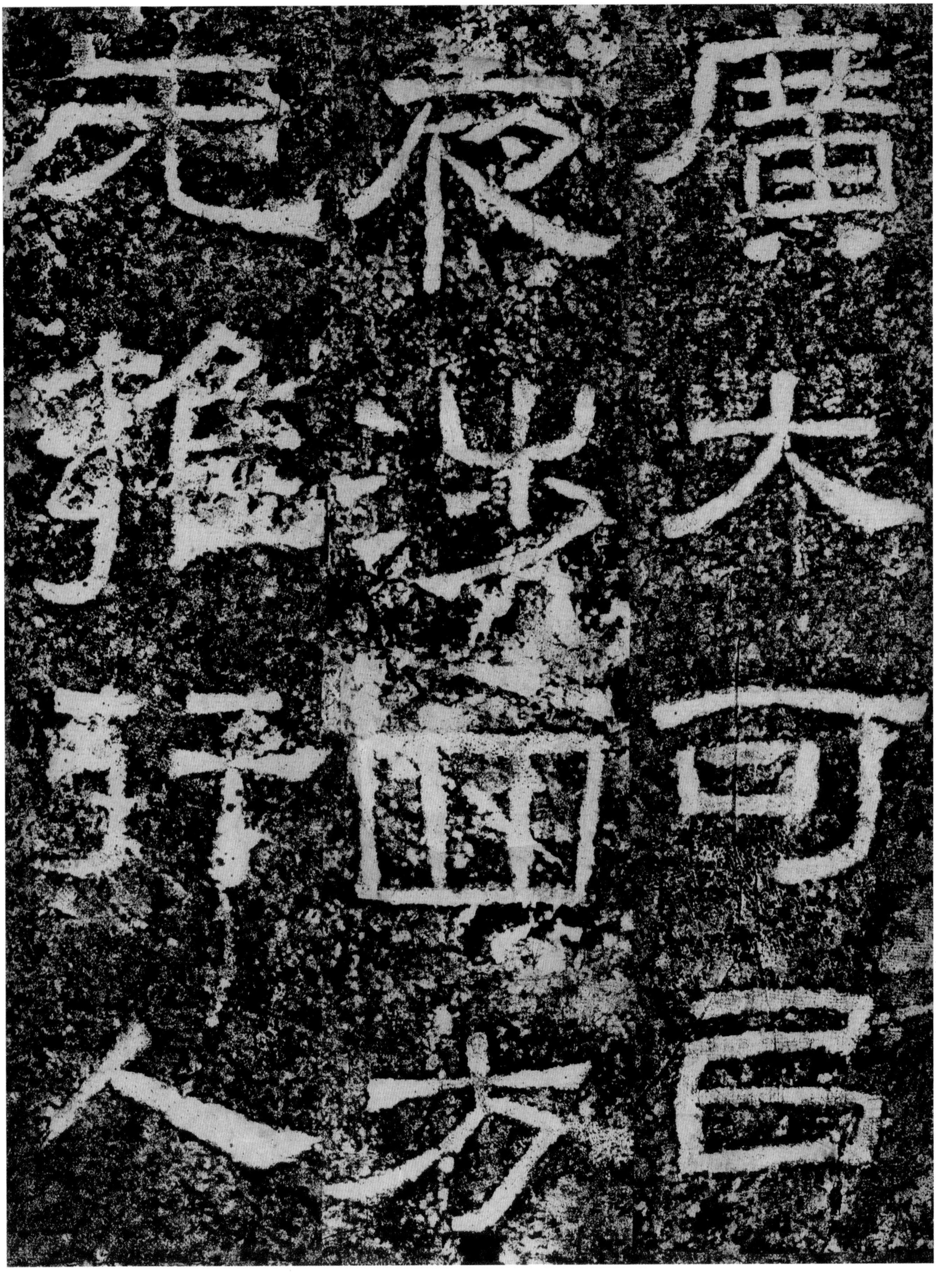

广大，可以夜涉，四方无雍，行人

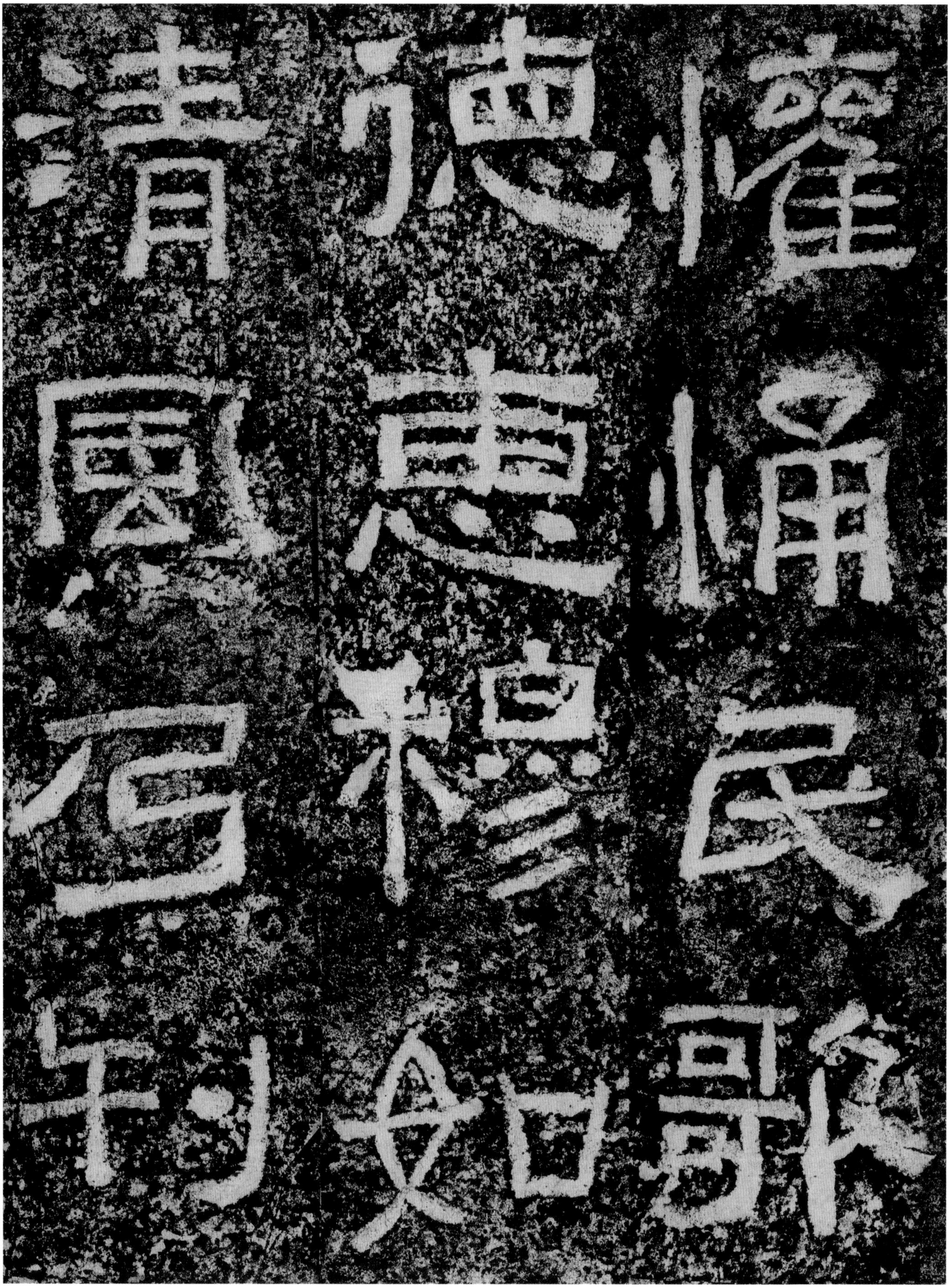

欢悀，民歌德惠，穆如清风，乃刊

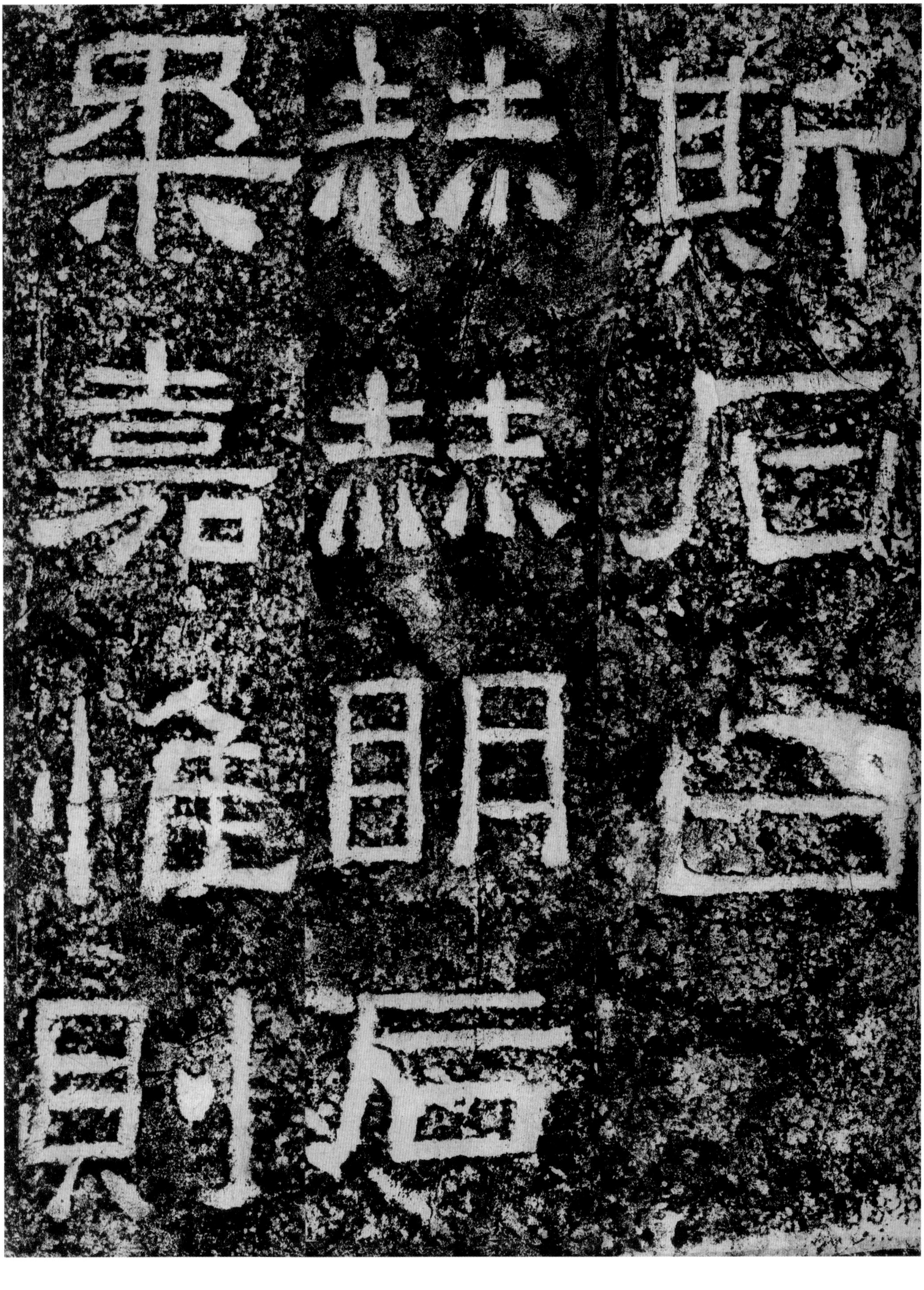

斯石曰：赫赫明后，柔嘉惟则。

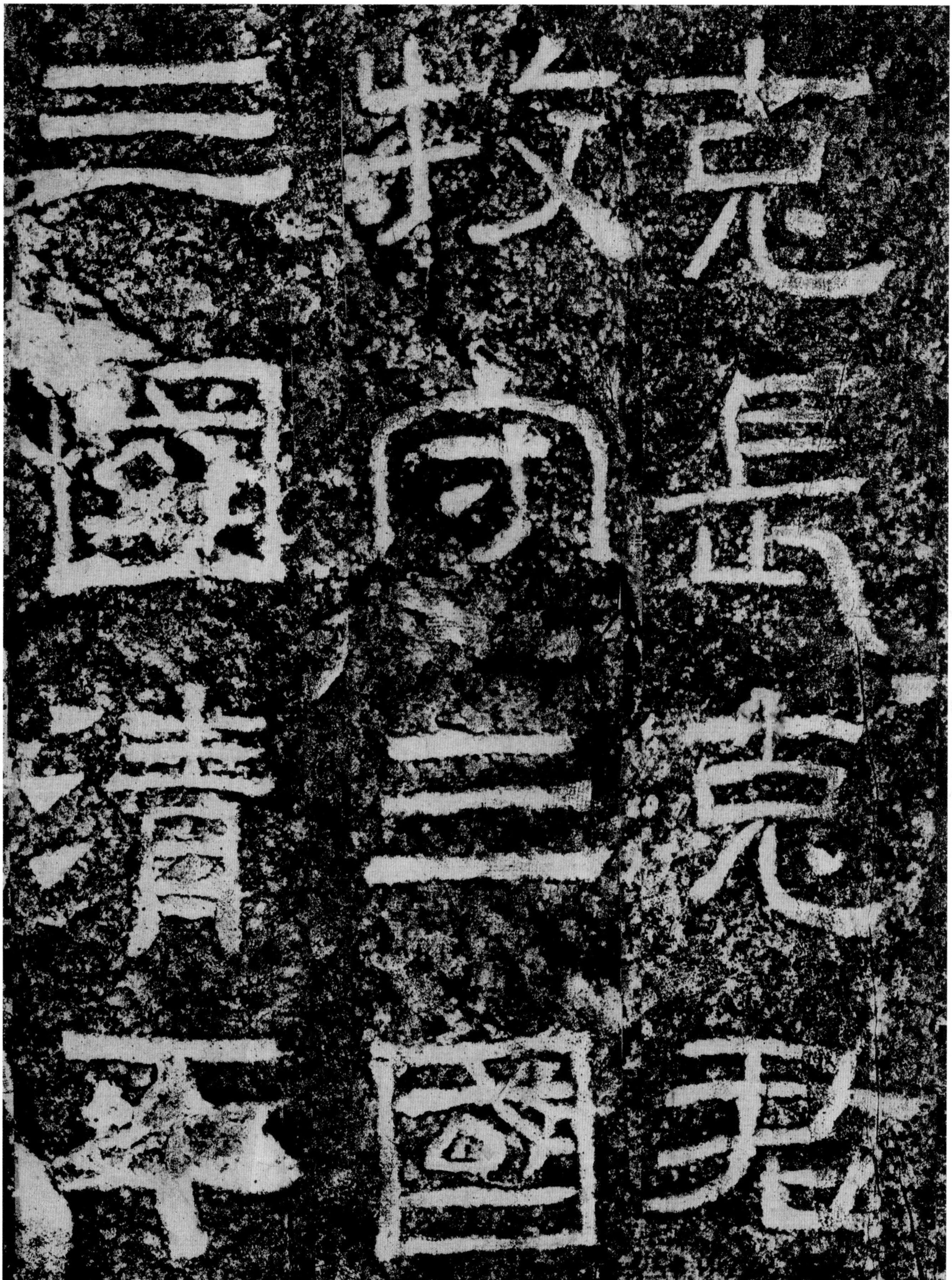

克长克君，牧守三国。三国清平，

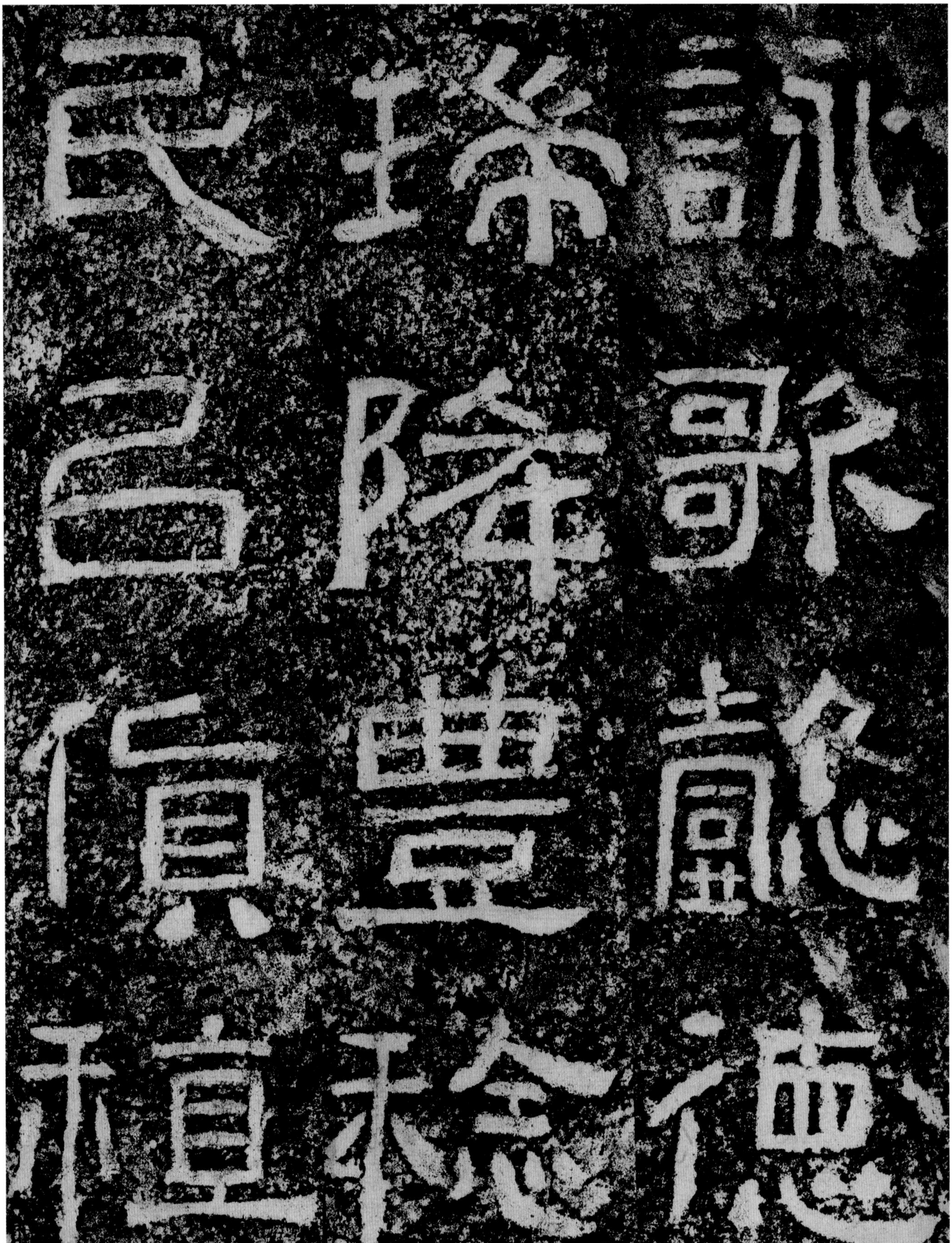

咏歌懿德。瑞降丰稔，民以货殖。

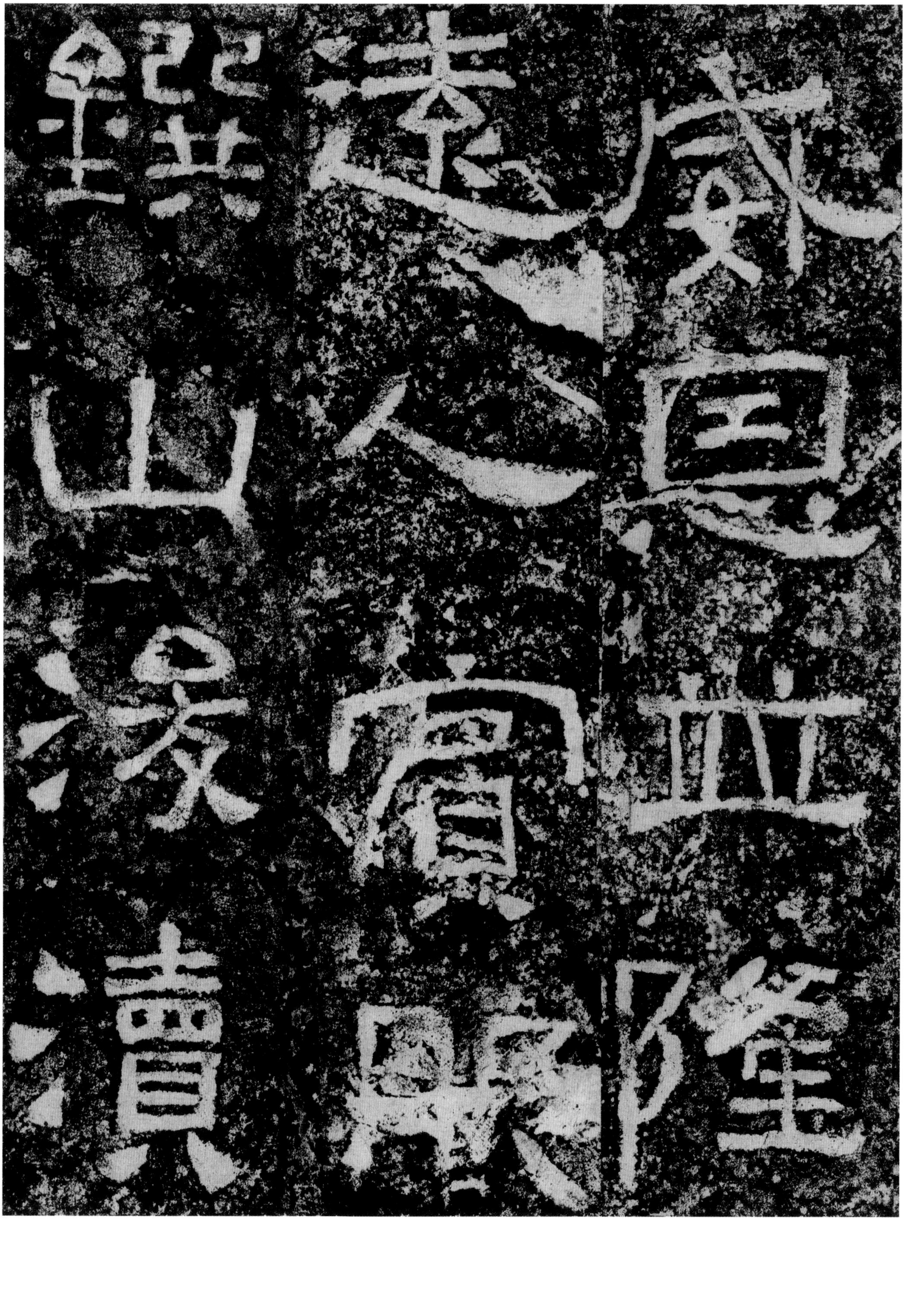

威恩并隆，远人宾服。鐉山浚渎，

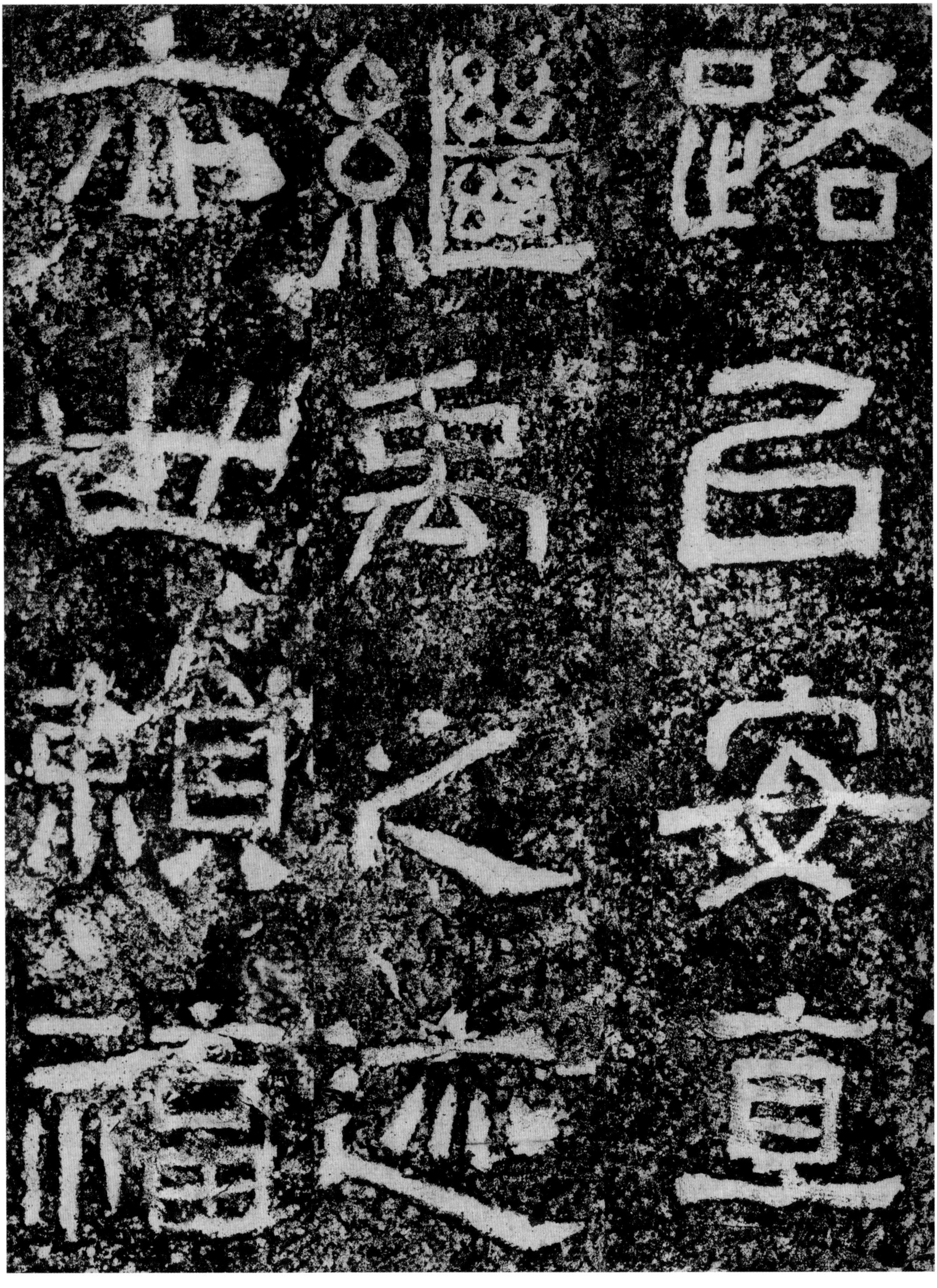

路以安直。继禹之迹，亦世赖福。

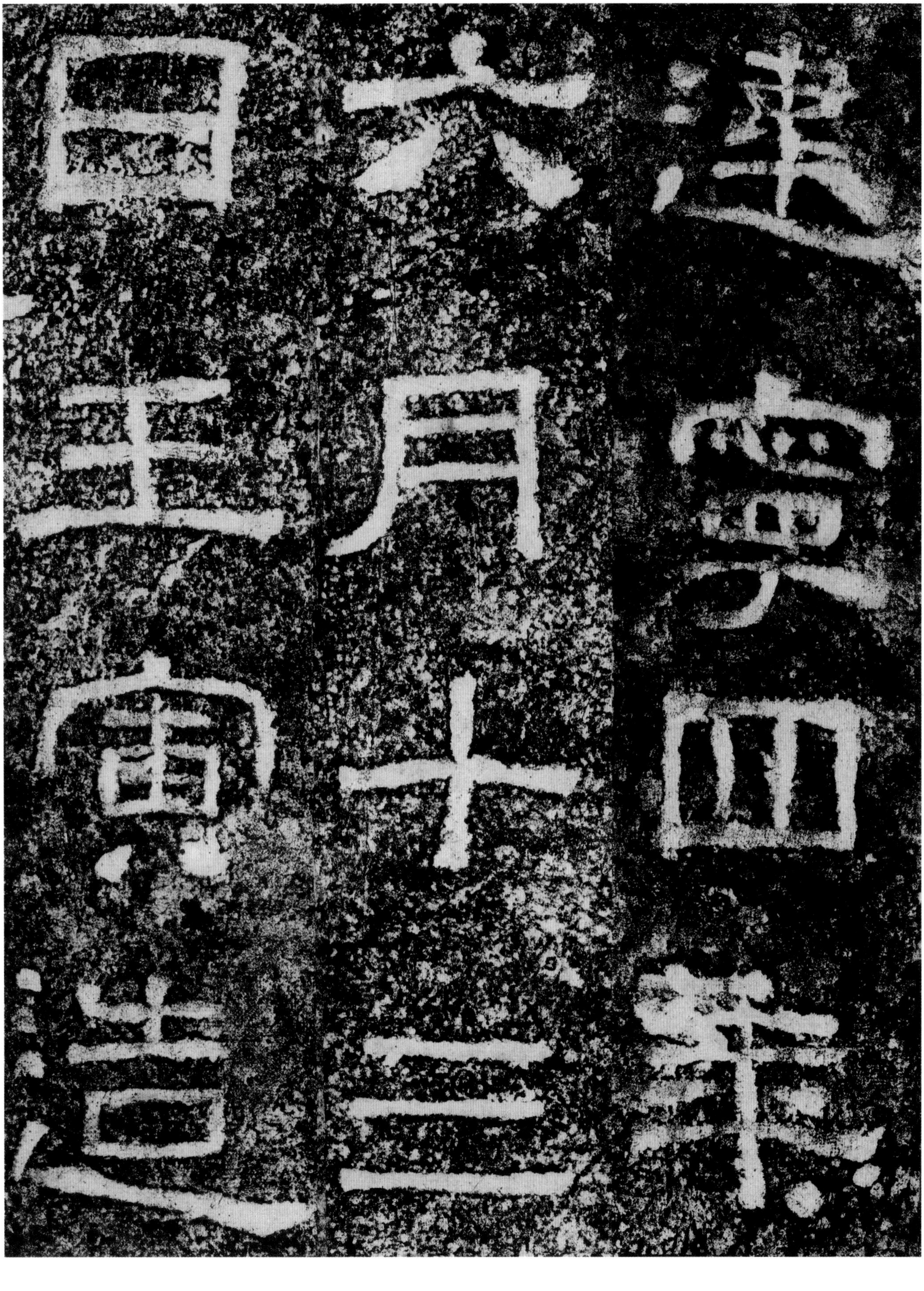

建宁四年六月十三日壬寅造。

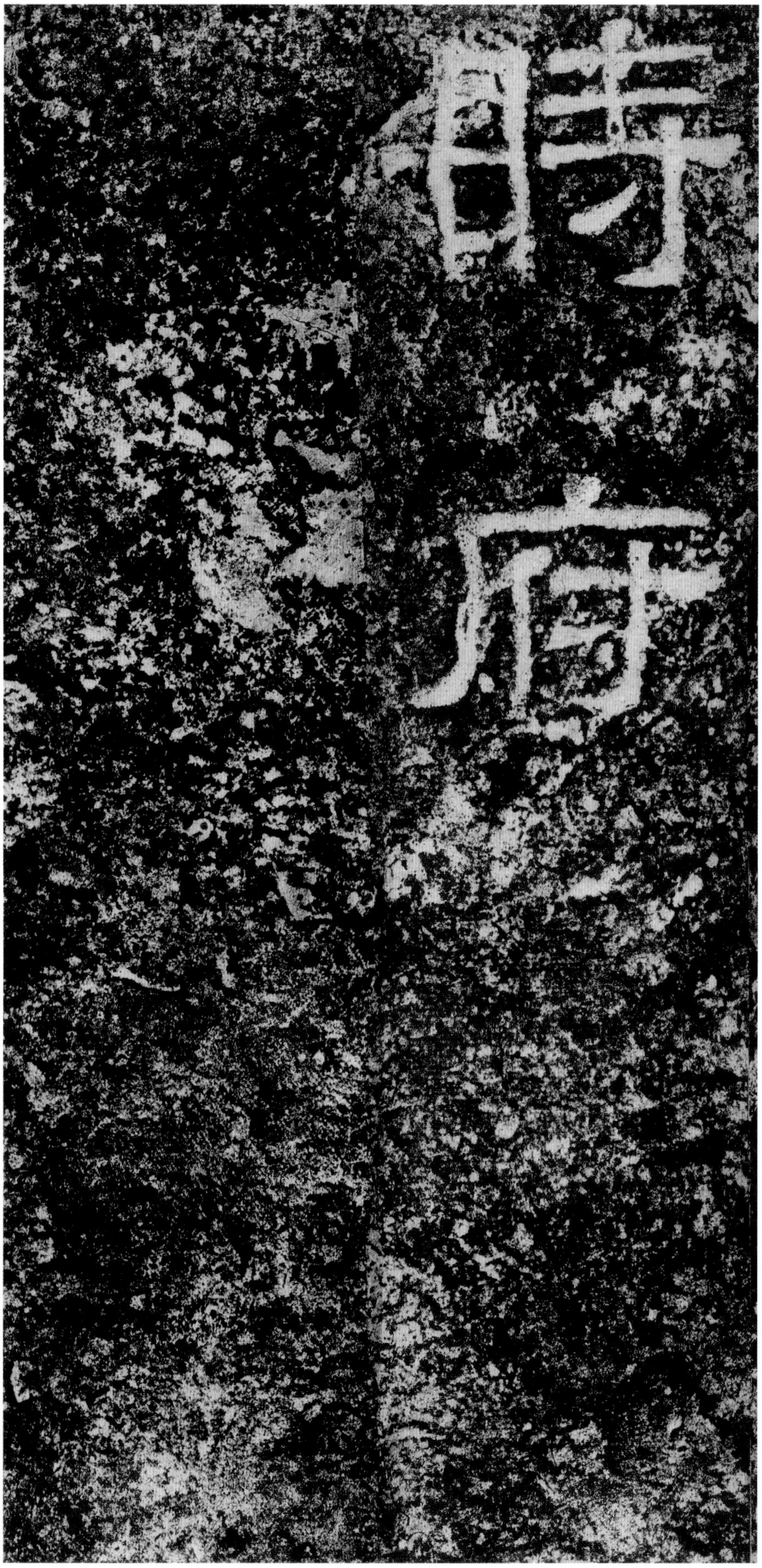

时府。